KB057936

소멸시효 항변·변제항변·증여·투자·부인 주장 실무지침서

민사소송 답변서 작성방법

편저 : 대한법률콘텐츠연구회
(콘텐츠 제공)

法 법문북스

co.kr(bubmun) http://www.lawb.co.kr(bubmun) http://www.lawb.co.kr(bubmun)

머 리 말

어느 날 뜻하지 않은 문제로 소장이 법원에서 보내왔다면 일상을 살아가는 생활인에게는 평생에 한번 있을까 말까한 일이기 때문에 난감할 수밖에 없습니다. 법에 문외한인 일반인에게는 어떻게 대처해야 할지 어떤 것부터 하는 것인지 몰라서 당황하면서 누구에게 찾아가 물어볼 수도 없는 일이고 그렇다고 해서 자초지종을 따져 볼 겨를도 없는 입장에서 시간만 허비하게 됩니다.

막상 피고가 원고의 주장에 대하여 대응해야겠다고 마음을 먹고 답변서를 작성해 보려고 해도 어떤 식으로 주장해야 하고 어떤 식으로 항변을 하고 어떻게 작성해야 할지 몰라 망설여지는 것이 현실입니다. 답변서는 피고가 법원으로부터 소장 부본을 송달받고 처음으로 법원에 내는 아주 중요한 소송서류입니다.

답변서는 판결을 하기 전에 법원에서 소장 부본을 피고에게 보내고 소장을 읽고 보다 객관적인 입장을 정리해 제출해 달라는 것이므로 당해 소송에 있어 가장 중요한 서면이라 할 수 있습니다. 아직까지도 민사소송이 무엇인지 잘 모르는 데 답변서 자체를 이해하지 못한 상태에서 어떻게 작성할지 망설여지는 것은 당연한 일입니다.

언제 있을지도 모르는 민사소송에 대비하여 있었던 일 그 사실관계 정도는 스스로 밝힐 수 있어야 하는데 관심을 가지고 있지 못하다 보니 일이 생기고 나서야 답변서를 작성하려고 분주하게 서둘다 보면 실수 할 수도 있는 일입니다. 피고에게는 답변서를 통하여 법원에 원고의 청구에 대한 부당함을 알리는 힘이 얼마나 큰지 소송결과에서 판결이 분명히 말해줍니다. 답변서는 이왕이면 원고의 기분을 잘 헤아려 답변서를 작성하도록 하고, 그렇게 되면 답변서를 읽는 원고도 기분이 좋고 판결을 하는 재판장도 좋고 나도 기분이 좋고 결과도 좋습니다.

속담에 말만 잘하면 어려운 일이나 불가능해 보이는 일도 잘 해결할 수 있다는 말의 뜻은 말 한마디에 천 냥 빚도 갚는다는 것처럼 시실관계를 마음속에 넣어두지 말고 모두 답변서를 통하여 하고 싶은 말을 읽는 사람에게 기분 좋게 작성해 내시면 반드시 목적을 달성할 수 있습니다.

　본 도서에는 피고가 답변서에서 원고의 청구에 대한 부당함을 파헤치는 항변이유를 어떤 형태로 써야하는지 주로 그 기재방식을 다루었고, 나머지는 피고가 답변서를 통하여 재판장을 설득시키고 사실관계를 솔직하게 진술하고 원고와 부딪치는 부분을 세밀하게 방어하는 방법을 누구나 답변서에 모두 반영할 수 있도록 하면서 특히 혼자서도 답변서를 작성할 수 있도록 도움을 드리고자 실무에 적합하게 다루었습니다. 피고가 제출하는 답변서가 소송의 승패가 좌우될 만큼 답변서는 매우 중요한 역할을 합니다.

　본서를 접한 모든 분들은 당해 소송에서 답변서를 잘 작성해 내시고 소송 전부를 한 번에 해결하시면 늘 웃으시면서 건강하시기 바랍니다.

2024.
편저자 드림

민사소송 답변서

.kr(bubmun) http://www.lawb.co.kr(bubmun) http://www.lawb.co.kr(bubmun)

http://www.lawb.co.kr(bubmun) http://www.lawb.co.kr(bubmun) http://www.lawb.co.

제13장. 민사소송 답변서 최신서식 ·· 43

민사소송 답변서

제1장. 답변서

(1) 답변서의 의의

답변서는 피고가 원고의 소장에 대하여 그 청구에 대한 배척을 구하는 취지의 반대신청 또는 그에 대한 이유를 기재한 준비서면의 성격을 갖는 서면을 의미합니다. 그래서 실무에서는 피고가 법원에 제출하는 최초의 준비서면을 답변서라고 합니다.

(2) 소장에 대응한 피고의 태도

원고가 피고를 상대로 법원에 소장을 제출하면 법원은 재판장의 소장심사를 거쳐 소장의 부본과 함께 답변서제출 및 이에 대한 응소안내서와 함께 피고에게 송달합니다. 피고는 법원으로부터 소장의 부본을 받은 후 대체적으로 답변서를 제출하고 적극적으로 원고의 청구에 방어하는 태도를 취하는 분들이 대부분입니다.

원고의 청구에 적극적으로 대응하여 반소를 제기하는 태도를 취하는 분들도 많습니다. 그 밖에 원고의 청구에 화해 등으로 분쟁을 해결하려는 태도 중의 하나는 취하는 것이 일반적입니다.

(3) 답변서의 제출의무

피고가 원고의 청구에 대하여 다투는 경우에는 공시송달의 방법에 따라 소장의 부본을 송달받지 않은 이상 소장의 부본을 송달받은 날부터 30일 이내에 답변서를 제출하여야 합니다.

(4) 변론 없이 하는 판결

피고가 (1) 소장의 부본을 송달받은 날부터 30일 이내에 답변서를 제출하지 않거나 (2) 청구원인이 된 사실을 모두 자백하는 취지의 답변서를 제출하고 따로 항변을 하지 아니한 경우, 법원은 원고의 청구원인이 된 사실을 자백한 것으로 보고 변론 없이 판결하기 위하여 선고기일을 지정합니다.

피고가 답변서를 제출하였다고 하더라도 그 답변서 내용이 무자력 항변이거나 변제기한의 유예만을 요청하는 등 실질적으로 원고의 청구를 인정하는 것인 때에는, 법원은 판결 선고 기일의 지정 또는 제1회 변론기일을 지정하여 당사자에게 통지함에 있어서는 제1회 변론기일과 선고기일을 일괄 지정하여 통지할 수 있습니다.

(5) 변론기일의 지정

이 때 판결이 선고되기까지 피고가 원고의 청구를 다투는 취지의 답변서를 제출한 경우에는 선고기일을 취소하고 변론기일을 지정합니다. 그러나 직권으로 조사할 사항이 있는 경우에는 선고기일을 지정하는 대신 바로 변론기일을 지정하는 경우도 있을 수 있습니다.

(6) 답변서의 작성요령

답변서에는 준비서면에 관한 사항을 준용하도록 규정되어 있습니다. 민사소송법이 요구하는 기재사항을 그대로 반영한 답변서의 작성요령은 아래와 같습니다.

ㄱ 표지 – 답변서

ㄴ 사건 – 가단(합),(소)

ㄷ 원고 – 성명

ㄹ 피고 - 성명을 간략하게 표시하여야 합니다.

ㅁ 위 사건에 관하여 피고는 다음과 같이 답변합니다.

ㅂ - 다음 -

ㅅ 청구취지에 대한 답변

　① 원고의 청구를 기각한다.

　② 소송비용은 원고의 부담으로 한다.

　③ 라는 판결을 구합니다.

답변서에는 준비서면과는 달리 원고의 청구취지에 대한 답변을 따로 기재하여야 합니다.

　◎ 청구원인에 대한 답변 -

　① 다툼이 없는 사실 원고가 주장하는 각 사실 중 어느 부분의 사실은 다툼이 없지만, 다음에서 말씀 드리는 이 사건의 경우에 반하는 나머지 각 사실은 일응 부인합니다.

　② 이 사건의 경위(중략)

　③ (중략)

　④ (중략)

　⑤ (중략) 이상과 같이 원고의 청구는 이유 없으므로 이를 모두 기각하여 주시기 바랍니다.

　⑥ 라고 기재하시면 됩니다.

사건별로 쟁점, 진행경과 및 효과적인 접근방법이 다양하므로 모든 사건에 공통적인 모범적인 준비서면의 작성례를 답변서에 제시하는 것은 불가능에 가깝습니다. 원고의 청구원인을 면밀히 분석하여 인정할 부분과 부인할 부분을 미리 구분하여 부인할 부분에 대하여 구체적인 이유를 밝혀야 하고, 인정할 부분에 대하여도 항변사유가 있으면 항변과 동시에 그에 대한 이유를 밝혀야 합니다.

이러한 목적 때문에 다툼이 없는 사실 부분을 형식적이나마 별도의 목차로 잡고 답변서를 작성하는 것이 바람직합니다. 원고의 사실관계의 주장이 터무니없는 경우에는 따로 목차를 잡아 '이 사건 경위'를 정리하는 것도 한 가지 방법입니다. 그러나 답변서는 너무 장황해져서는 아니 되며 원고의 주장과 차이가 있는 부분에 관해서는 증거방법에 의하여 답변서의 주장이 제대로 뒷받침되어야 효과적입니다.

기본적으로는 쟁점 위주로 논리적인 순서에 따라 큰 목차를 잡아 정리해 답변서를 작성하는 것이 효과적일 때가 상당히 많습니다.

또한 한 가지 쟁점 내에서는

(1) 쟁점정리

(2) 원고의 주장 요지

(3) 원고의 주장에 대한 반박

(4) 소결의 순서로 논리를 구성하는 것도 좋은 방법이고 바람직합니다.

피고에게 아무리 유리하고 원고의 청구가 잘못된 것이라 하더라도 판단은 재판장의 몫이기 때문에 피고는 답변서를 통하여 감정적이거나 원고를 자극하는 거친 표현은 일체 자제하여야 좋은 결과를 기대할 수 있습니다.

㉗ 입증방법 -

① 을제 호증 사실확인서

② 을제 호증 영수증

③ 등 등 이라고 기재하시고 공격방어방법에 대응하는 증거방법을 답변서에 이를 원용하고 첨부하여야 합니다.

서증을 제출할 때에는 상대방의 수에 1을 더한 수의 사본을 함께 제출하여야 하며,

서증의 사본에 원본과 틀림없다는 취지를 적고 기명날인 또는 서명을 하여야 하고, 전자소송의 경우에는 전자소송 홈페이지에서 정하는 방식에 의하여 제출하시면 됩니다.

ⓒ 첨부서류

① 위 입증방법 각 1통으로 기재하시면 됩니다.

답변서를 작성하고 법원에 제출가능 한 날짜를 말미에 제출연월일을 기재하여야 합니다.

ⓚ 피고 성명을 기재하고

ⓣ 기명날인 또는 서명하여야 하지만 전자소송의 경우에는 전자서명으로 대체할 수 있습니다.

ⓟ 본안소송 계속법원을 답변서의 하단 중앙으로 예를 들어 지방법원 민사 몇 단독 귀중이라고 기재하여야 합니다.

제2장. 피고의 항변의 종류

(1) 권리 장해적 항변

처음부터 성립할 수 없게 하는 사실을 주장하는 것이므로 무효주장을 말할 수 있는데 아래와 같습니다. ① 의사능력의 흠결 ② 강행법규의 위반 ③ 통정허위표시 ④ 공서양속의 위반 ⑤ 불공정한 법률행위 ⑥ 원시적 이행불능 ⑦ 불법원인급여

(2) 권리 멸각적 항변

원고가 주장하는 권리가 일단 성립된 뒤 소멸시키는 사실을 말할 수 있는데 아래와 같습니다. ① 변제 ② 대물변제 ③ 상계 ④ 면제 ⑤ 소멸시효의 완성 ⑥ 공탁 ⑦ 혼동 ⑧ 해제조건의 성취 ⑨ 해제 또는 해지권의 행사 ⑩ 취소권 ⑪ 후발적 이행불능 ⑫ 제3자에의 권리 양도 ⑬ 시효취득의 완성

(3) 권리 저지적 항변

원고가 주장하는 권리가 발생하여 존속하고 있으나 그 행사를 저지시킬 수 있는 사실을 주장할 수 있는데 아래와 같습니다. ① 유치권의 항변 ② 동이이행의 항변 ③ 기한의 유예 ④ 보증인의 최고·검색의 항변권 ⑤ 목적물인도청구에 있어서 권원에 의한 점유 ⑥ 정지조건부의 미성취

소송에서 권리를 주장하는 쪽을 원고, 의무를 부담하는 자로 지정된 자를 피고라고 하고, 원고가 구하는 권리의 내용과 이유를 청구원인이라고 하고, 그에 대해 피고가 청구원인은 이유가 없다고 반박하는 것을 항변이라고 하는데 청구와 그에 대한 피고의 반박주장이 이루어집니다. 피고로서는 예를 들어 대여금 청구소송의 소장을 받고 당황스러움과 현실도피 등 여러 사유로 무대응으로 일관하는 분들이

상당히 많습니다. 민사소송은 원고와 피고 모두 상호 대등한 상태에서 법적 판단을 구하는 절차이므로 소송의 대응에 게을리 한다면 결국 본인에게 불리한 결과만 생깁니다.

소장을 받았으면 소장을 정확하고 꼼꼼하게 확인하고 원고의 청구를 인정할 것인지 부인할 것인지를 항목별로 자세히 살펴봐야 합니다. 답변서에는 피고가 주장하고자 하는 내용과 함께 그 주장을 입증할 자료가 준비되셨으면 답변서에 모두 원용하고 답변서와 함께 제출하시면 더 좋습니다. 대여금은 대부분 변제 완료의 항변이 가장 많습니다. 예를 들어 이미 원고가 청구한 대여금을 모두 변제했다면 원고의 청구권은 당연히 상실되었음을 답변서를 통하여 강력히 주장하여야 합니다. 이때 변제하거나 돈을 갚았다는 서증(예를 들어 변제한 영수증 또는 돈을 보낸 송금영수증 등)을 첨부하여야 합니다. 변제하였다는 항변을 피고가 답변서를 통하여 하면 피고가 변제사실을 입증하여야 합니다.

다음으로는 원고가 청구한 대여금은 소멸시효가 완성되어 청구권이 소멸된 채권도 상당이 많습니다. 일반 민사대여금의 경우 소멸시효는 10년간 이를 행사하지 않으면 소멸되고, 금융기관에서 돈을 빌린 대출금이라면 소멸시효가 5년으로 완성되고, 공사대금이나 물품대금 또는 관리비는 3년간 이를 행사하지 않으면 소멸시효가 완성되어 청구권이 소멸됩니다. 상속으로 대여금이 상속되었다면 상속인으로서 상속포기나 한정승인의 경우에는 법원에서 심판청구에 대한 결정서를 답변서에 첨부하여 청구권이 없음을 강력히 주장할 수 있습니다. 원고가 청구한 대여금은 이미 원고에게 직접 변제할 수 없었던 사유로 법원에 변제공탁을 하였다면 그 변제공탁서를 답변서에 첨부하고 청구권이 없음을 주장할 수 있습니다. 소송을 하기 위해서 가장 먼저 알아야 할 것은 '요건사실'입니다. 다음은 '주장과 입증'입니다. 그리고 그 다음에는 '항변과 부인'을 알아야 소송을 할 수 있습니다.

(4) 항변(주장)

소송을 하는 사람은 항변을 알아야 합니다.'항변'은 원고가 주장하는 요건사실 즉 권리근거사실을 피고가 인정하면서 이와는 반대로 다른 효과가 생기게 하는 다른 요건사실을 주장하는 것을 말합니다. 예를 들어 원고가 피고를 상대로 대여금을 청구하면 피고가 답변서를 통하여 '돈을 빌린 것은 맞는데 이미 갚았습니다.' 또는 '공사대금이나 물품대금은 맞지만 이미 다 갚았습니다.' 이런 주장을 하는데 이것은 변제항변을 하는 것입니다.

소멸시효 항변은 피고가 답변서를 통하여'돈을 빌린 것은 맞는데 이미 변제기일로부터 이 사건 소장을 접수한 날까지는 10년이 경과되어 소멸시효가 완성되었으므로 원고의 이 사건 청구를 기각해 주시기 바랍니다.' 이런 주장을 하면 이것은 일반대여금의 '소멸시효 항변'이라고 합니다. 금융기관의 대출금이나 카드사의 신용카드이용대금을 원고가 양수받아 청구한 경우 피고가 답변서를 통하여'금융기관의 대출금이나 카드사의 신용카드이용대금은 맞는데 이미 연체일로부터 이 사건 소장이 접수된 날까지는 5년이 경과되어 소멸시효가 완성된 것이므로 원고의 이 사건 청구를 기각하여 주시기 바랍니다.' 라고 기재하시면 이것은 상사채권의 '소멸시효 항변' 이라고 합니다.

공사대금이나 물품대금 또는 관리비를 원고가 피고에게 청구한 경우 피고가 답변서를 통하여 '공사대금이나 물품대금 또는 관리비는 맞지만 지급하기로 한 날부터 이 사건 소장이 접수된 날까지는 이미 3년이 경과되어 소멸시효가 완성되었으므로 원고의 이 사건 청구를 기각하여 주시기 바랍니다.'라고 기재하시면 이것은 단기 상사채권의 '소멸시효 항변'을 하는 것입니다. 그러므로 항변은 원고의 주장은 맞지만 다른 사실이 있어 원고의 청구를 부인하는 것입니다.

(5) 부인(주장)

그러면 '부인' 이라는 것은 예를 들어 원고가 피고에게 대여금청구 소송을 하면 피고가 답변서를 통하여 '대여금이 아니라 증여받은 것입니다.' 또는 원고가 피고에게 어려울 때 보태 쓰라고 그냥 준 증여받은 것입니다. 아니면'대여금이 아니라 원고가 투자한 투자금입니다.' 이런 주장을 하면 이것은 항변을 하는 것이 아니라 원고가 피고에게 대여해준 것이 아니라는 것을 그냥 부인한 것이므로, 원고의 청구원인을 그냥 부인한 것이기에 이를 '부인' 이라고 합니다. 그러면 항변과 부인을 구별하는 이유는 바로 입증책임 때문입니다.

(6) 입증책임

항변의 경우는 원고의 청구원인을 피고가 인정했으므로 원고는 입증을 할 필요가 없고 새로운 사실을 피고가 항변으로 주장했으므로 (1) 변제항변이든 (2) 소멸시효 항변이든 그 사실을 피고가 입증을 하여야 합니다. 하지만 부인의 경우는 원고의 청구원인을 피고가 그냥 부인한 것에 불과하므로 여전히 원고가 대여금이라는 것을 입증해야 하지 피고가 증여라거나 투자라는 사실을 입증할 필요가 없습니다. 피고가 원고의 청구원인을 부인한 것이므로 대여사실을 여전히 원고가 입증해야 하고 원고가 입증을 못하면 원고가 소송에 지고 피고가 소송에서 이기는 것입니다.

(7) 항변 · 재항변 · 재재항변

항변은 주장하는 사람이 입증책임을 지게 됩니다. 그런데 이런 항변은 한번으로 끝나는 것이 아니며, 피고가 항변을 하였다면 원고는 재항변이 가능하고 피고는 다시 재재항변이 가능합니다. 예를 들어 원고가 대여금 청구를 했습니다. 피고는 이에 대해서 소멸시효가 완성되었다고 항변을 합니다. 피고가 이를 주장·입증에 성공하는 경우 원고는 다시 재항변으로 소멸시효의 중단사유를 주장할 수 있습니다. 예를 들어 소멸시효의 중단사유인 '전세보증금에 가압류'가 되어 있는 사실을 주장·입증했다고 합시다. 그러면 피고는 다시 가압류가 된 것은 맞는데 가압류취소결정에 의해서 가압류가 취소되어 소멸시효중단의 효력이 상실되었음을 주장·입증할 수 있습니다. 그러므로 항변과 부인의 차이입니다. 이는 주장책임, 입증책임과도 관계가 있습니다. 소송을 하는 사람은 기본적으로 위와 같이 항변과 부인의 차이를 알아야 합니다. 그래야만 승소할 수도 있고 고생을 안 합니다. 그리고 소송을 하려면 기계적인 공식으로 이루어지는 ① 청구원인, ② 항변, ③재 항변, ④ 재재항변의 구조와 흐름을 알아야 합니다. 이를 알지 못하면 엄청 고생만 하고 패소의 지름길입니다.

제3장. 항변의 기재방법

　항변권이란 상대방의 주장을 저지하는 하나의 이의 권으로, 실무에서는 항변권을 '권리행사 저지의 항변'으로 표현하기도 합니다. 즉, 청구권 행사를 저지할 수 있는 권리로 권리행사에 대한 방어라는 의미에서 반대권이라고도 하고 있습니다. 항변권은 상대방의 권리를 부인하거나 변경, 소멸시키는 것이 아니라 상대방의 권리는 인정하면서 그 작용을 저지하는 점에서 특수한 형성권에 속한다고 할 수 있습니다. 항변권은 저지의 효력에 따라 (1) 연기적 항변권 (2) 영구적 항변권으로 나누어집니다.

　연기적 항변권은 청구권의 행사를 일시적으로 저지하는 이의 권이므로 그 일시적 사유가 소멸된 후에는 더 이상 청구권 행사를 저지할 수 없습니다. 예컨대 채권으로는 채무자의 동시이행의 항변권(민법 제536조), 보증인의 최고·검색의 항변권(제437조)이 있습니다. 물권으로는 유치권자의 유치권(제320조)이 있습니다.

　영구적 항변권은 일단 발생한 청구권을 영구적으로 저지하는 이의 권이므로 예컨대 상속인의 한정승인의 항변권(제1028조)이 있습니다. 한편, 항변권은 민사소송법상의 방어 방법인 항변과 구별합니다. 항변은 상대방의 권리 자체를 소멸시키는 것으로, 원고가 주장하는 법률효과의 발생에 장해가 되는 사실을 주장하는 (1) 권리 장해적(權利障害的) 항변, 원고가 주장하는 법률효과를 소멸시키는 사실을 주장하는 (2) 권리 멸각적(權利滅却的) 항변, (3) 청구권의 행사를 일시적으로 저지하는 권리 저지적 항변 등이 있습니다. 그리고 항변은 법원이 직접 직권으로 조사해야 하는 반면, 항변권은 그 권리자가 소송에서 이를 원용(援用)해야 합니다. 항변은 재판 외에서도 행사할 수 있고 재판상으로도 행사할 수 있습니다.

(1) 대여금 청구소송에 대한 피고의 항변

　대여금 소송에서는 원고가 돈을 피고에게 빌려준 사실(금원을 대여한 사실)과 갚기로 한 날짜가 지났다는 사실(변제기가 도래했다는 사실)을 원고가 스스로 입증하여야 합니다. 원고는 소장에 위 사실들에 대해 명시적으로 기재하면서 입증자료를 첨부하여 제출하고, 피고는 소장을 송달받은 후 30일 안에 채권자 주장에 대한 답변서를 제출하여야 합니다. 피고가 채무를 인정하고 별다른 항변을 하지 않는다면 조기에 그 소송이 종결되겠지만 피고가 돈을 빌린 사실이 없다거나 빌렸어도 이미 갚았다고 답변서를 써내거나 그냥 쓰라고 준 증여라고 주장하면 변론기일이 수차례 열리면서 치열한 법적공방이 오갈 수밖에 없습니다.

돈을 빌려준 사실에 대해서는 차용증이나 이행각서 등이 있으면 매우 쉽게 입증이 가능하지만, 잘 알고 지내는 사이일 경우 대부분은 차용증을 받지 않고 청구하는 소송이 대부분입니다. 피고로서는 소장을 보고 차용증이나 서증의 문서자료가 첨부되어 있지 않다면 반드시 강력하게 항변을 하여야 합니다. 보통 가까운 지인들 사이에 돈 거래가 많고 그러한 경우 차용증을 쓰지 않고 그저 믿고 빌려주는 경우가 대부분입니다. 원고는 차용증과 같은 직접 증거가 없다면 간접증거를 통해 대여금관계를 입증할 수밖에 없는데, 돈이 오갔다는 계좌이체내역과 함께 채무자가 채무를 인정하였거나 채무를 승인하는 문자메시지나 카카오톡 또는 통화녹취록을 제출하고 나올 수 있습니다. 그러나 차용증이나 각서나 현금보관증은 직접증거이지만 계좌이체영수증이나 문자메시지 또는 통화녹취록 등은 간접증거일 뿐입니다.

피고로서는 설사 직접증거를 제외한 간접증거만 있는 경우 답변서를 작성할 때, 예를 들어 "네가 빌려준 돈 ....원 조만간 돈 생기는 대로 갚을 게" 등 피고가 본인의 채무를 인정하는 내용의 문자메시지나 통화내용이 있고 존재한다하더라도 이는 "애초 대여금관계가 아닌 그냥 쓰라고 준 증여관계였지만 원고와 갑자기 관계가 틀어지고 난 후 돌려달라고 말하여 도의적 차원에서 한 말이라고 항변"하면 피고가 소송에서 승소할 수 있습니다. 또 피고로서는 원고의 강압에 의해서 한 말이라고 둘러대거나 그 문자의 내막을 해명하는 간접증거들을 취합해서 답변서에 원용하여 제출하면 별 무리 없이 벗어날 수 있습니다. 답변서는 그때그때 상황에 따라 잘 구사하고 조리 있게 항변하여 둘러대는 것도 하나의 소송기술입니다. 이렇듯 피고 쪽에서 강하게 저항해야 하고 단순한 대여금관계가 아니라 차용증이 없다면 무조건 그냥 준 증여라고 항변하면 이 소송은 사건이 복잡하고 길어질 수밖에 없고 결국 차용증이 없는 원고에게 불리한 소송이 될 수밖에 없습니다.

재판부에서는 원칙적으로 차용증이나 각서 또는 현금보관증 등의 직접증거에 입각한 판단을 내리겠지만 차용증 등이 작성되지 않아 대여금인지 증여인지 여부가 치열하게 다퉈지는 사건에서는 원고 보다는 피고에게 유리하게 소송을 이끌어가기 때문에 피고가 처음으로 내는 답변서는 매우 중요한 역할을 하게 됩니다.

(2) 청구에 대응한 항변 방법

임대인이 임대차계약기간 종료를 이유로 임차인에게 계약해지를 통보하였을 때, 임차인은 계약서상 약속대로 건물을 비워주어야 합니다. 보통 계약서에는 "인테리어 등 시설을 모두 철거하여 원상복구"하도록 기재되어 있기 때문에, 충분한 임대기간을 보장받지 못한 임차인 입장에서는 건물명도에 강한 저항을 하는 것이 보통입니다. 임대인이 부득이 건물명도소송을 제기했을 때, 임차인 입장에서 별다른 근거 없이 건물 명도를 지연시키기란 대단히 어렵습니다. 이러한 경우 임차인이 "시설비가 많이 들었으니 그 돈을 돌려 달라. 돌려받을 시설비 금액은 감정평가로 확정하겠다."는 주장으로 항변하거나 명도소송에 대하여 반소를 제기하는 것입니다.

여기서, 시설비가 무엇이고 법적으로 어떤 의미를 가지는지에 대해 검토할 필요가 있습니다. 한편 피고로서는 시설비 항변을 이유로 소송을 끌면서 임대인인 소유권자의 권리를 침해하는 것이 정당한지에 대해서도 판단해 볼 필요가 있습니다. 시설비는 법적인 용어는 아닙니다. 일반적으로 "시설을 하는데 소요되는 비용" 정도로 정의내릴 수 있는데 이런 정의는 너무 막연한 것입니다.

시설비를 세부적으로 나누어 보면 (1) 임차부동산의 보존을 위하여 지출한 비용인 "필요비"(원상유지 또는 원상회복에 필요하거나 통상의 용도에 적합한 상태로 보존하기 위해 지출한 비용), (2) 임차부동산의 객관적 가치를 증가시키기 위하여 투입한 비용인 "유익비"(투입물건이 부동산의 구성부분을 이루어 독립성이 상실됨), (3) 임차부동산에 부속된 물건으로 건물의 편익을 가져오기는 하나 부동산의 구성부분이 되지 않은 독립한 물건인 "부속물", (4) 위 3가지 어디에도 속하지 않고 오로지 임차인의 편익을 위하여 소요된 비용을 "인테리어비" 등으로 볼 수 있습니다.

먼저 "필요비"는 임차인과는 상관없이 임대인이 자신의 건물의 보존을 위하여 지출해야 되는 비용으로, 만약 임차인이 인테리어를 하는 김에 한꺼번에 지출해버렸다면 임대인에게 그 비용을 당연히 청구할 수 있는 것입니다. 예컨대 레스토랑으로 임차한 건물에 비가 새고 스며들면 방수공사가 필요할 경우 당연히 건물주인 임대인이 그 수리비용을 부담해야 하고 이 비용을 임차인이 지출했다면 임대인에게 당연히 달라고 요구할 수 있는 것입니다.

이에 반해 "유익비"는 건물의 객관적인 가치를 증가시키는 것이기는 하지만 필요비처럼 필수적으로 소요되는 비용은 아닙니다. 때문에, 임차인이 유익비를 지출했다면 즉시 돌려달라고 하기는 좀 어렵다고 보아야 합니다. 다만, 임대차 종료 시 그 가액의 증가가 현존하는 경우라면, 지출한 금액이나 증가액을 돌려달라고 청구할 수 있습니다. 임차인에게 유익비상환청구권이 없다면 임차인의 비용으로 인해 객관적으로 건물의 가치가 증가되었는데도 불구하고, 임대인이 부당한 이득을 얻게 되는 결과가 발생하기 때문에, 공평의 견지에서 유익비상환청구권을 인정하고 있는 것입니다. 말하자면 임차인이 건물을 도색하였다면 이를 유익비로 판단하여 임대차 종료 시 임대인에게 그 비용을 청구할 수 있는 것입니다. 그래서 임대인으로서는 경험이 많을 경우 임대차계약서상에 유익비 포기약정을 많이 하고 있는 실정입니다.

즉, 임대차계약서에 부동문자 또는 특약사항으로 "임차인은 임대인의 승인 하에 개축 또는 변조할 수 있으나 부동산의 반환기일 전에 임차인의 부담으로 원상 복구한다."는 취지의 약정이 있는 경우, 유익비상환청구권을 포기하는 합의로 해석할 수 있기 때문에, 실제로 반환받기가 쉽지는 않다는 점을 각별히 유의해야 할 부분입니다.

임대차계약서상에 이러한 유익비 포기규정이 없고 유익비로 인정이 된다면, 임차인은 유익 비를 상환 받을 때까지 누구에게나 대항할 수 있는 물권인 유치권을 행사할 수 있기 때문에 아주 강력한 무기가 될 수 있습니다. 따라서 임대인이 임대차부동산을 제3자에게 매도하더라도, 임차인은 그 유익비를 반환받을 때까지 모조건 제3자에게도 유치권을 행사할 수 있습니다. 이러한 유익비의 대상이 되는 부분이 건물전체에 분산되어 있을 경우에 사실상 물건 전체를 유치하는 효과마저 낼 수 있는 것입니다. 또한 "부속물"은 분리가 가능한 유리출입문이라든지 알루미늄새시 등 임차인의 영업에 필요한 시설이지만, 건물의 객관적 가치증대에 많은 도움이 되는 물건으로 건물과는 독립된 물건으로 취급됩니다.

임차인이 영업을 하려면 누가 알루미늄새시나 유리출입문을 달거나 시설하지 않으면 장사를 할 수 없는데 이것이 '부속물'로 분리할 수 있습니다. 임차인이 임대인의 동의(묵시적으로 동의를 하였다면)를 얻어 설치했다면, 임대차 종료 시에 임대인에게 그 대금으로 이를 매수하라고 청구할 수 있습니다. 이를 가리켜 부속물매수청구권이라고 부릅니다. 이러한 부속물 매수청구권은 강행규정이기 때문에 계약서에 포기한다는 약정이 있어도 여전히 청구할 수 있는 권리가 있습니다. 다만 "인테리어비"는 그야말로, 임대인의 건물과는 아무런 상관없이 오로지 임차인의 영업에 필요한 시설비입니다. 건물을 임차하여 시설을 할 경우 대부분은 단순한 인테리어 비용에 해당됩니다.

실무에서는 임차인이 사용한 시설비가 위와 같이 어디에 속하는지를 정확하게 판단하기가 어려운 경우가 더러 있습니다. 보통은 시설비 대부분은 인테리어비의 범주에 해당된다고 추정됩니다. 왜냐하면, 임차인이 굳이 필요비에 해당하는 부분을 자기의 돈을 들여서 설치하지는 않을 것이고, 유익 비는 포기약정에 의해서 청구할 수 없는 경우가 대부분이기 때문입니다. 부속물 역시 "건물과 독립되었으나 부속된 물건으로 건물의 편익을 가져오는 물건" 임을 입증하기가 쉽지 않고 실무에서도 인정되는 사례가 드물며, 가사 인정된다 하더라도, 떼어내기 어려움에도 불구, 인부들로 하여금 건물과 분리하여 가져가라고 주장할 수도 있기 때문입니다. 그래서 시설비의 대부분은 임차인을 위한 인테리어 비용으로 추정되는 것이 실무의 자연스러운 관행입니다.

재판부는 명도소송이 제기되면 가급적 빨리 종결시키려고 하는 태도를 보이는데, 임차권은 한시적 사용권으로 기간이 정해져 있는 채권에 불과하다는 점, 소유권을 존중한다는 점에서 볼 때 이는 타당한 태도로 보입니다. 그럼에도 불구하고, 명도소송을 지연시킬 목적으로 임차인들이 부속물 매수 청구권이나 유익 비 상환을 이유로 항변하는 경우라면, 가급적 재판부를 설득시킬만한 증거를 갖추어 답변서를 작성하고 제출하거나 반소를 제기하는 것이 바람직합니다. 예컨대 시설비를 많이 투입하였다면 가급적이면 임대기한을 장기로 확보하는 것이 유리하고, 불가피하게 소송을 당할 경우, 유익비 또는 시설비에 해당할 여지가 많다는 취지의 증거를 수집하여 재판부를 설득시키려는 자세로 답변서를 작성하면 얼마든지 목적을 달성할 수 있습니다.

제4장. 소멸시효 항변

소멸시효는 권리자가 권리(대여금 또는 상거래대금)를 행사(대여금은 10년, 상거래는 5년)할 수 있음에도 불구하고 권리를 행사하지 않는 사실상태가 일정기간(소멸시효기간) 계속된 경우에 그 권리의 소멸을 인정하는 제도를 가리켜 '소멸시효' 라고 합니다. 고가 피고에게 금전지급청구를 하였을 때, 위 채권에 대한 채권시효가 완성된 경우에는 채권소멸시효가 도과되어서 더 이상 돈을 지급할 의무가 없다고 답변서를 써내고 반드시 항변하여야 합니다.

소멸시효기간은 아래와 같습니다.

(1) 민법에 의한 소멸시효

일반채권은 민법 제162조 제1항 10년, 채권 및 소유권 이외의 재산권는 민법 제162조 제2항 20년, ① 이자, 부양료, 급료, 사용료 기타 1년 이내의 기간으로 정한 금전 또는 물건의 지급을 목적으로 한 채권 ② 의사, 조산사, 간호사, 약사의 치료, 근로 및 조제에 관한 채권 ③ 도급받은 자, 기사 기타의 공사의 설계 또는 감독에 종사하는 자의 공사에 관한 채권 ④ 변호사, 변리사, 공증인, 공인회계사 및 법무사에 대한 직무상 보관한 서류의 반환을 청구하는 채권 ⑤ 변호사, 변리사, 공증인, 공인회계사 및 법무사의 직무에 관한 채권 ⑥ 생산자 및 상인이 판매한 생산물 및 상품의 대가 ⑦ 수공업자 및 제조자의 업무에 관한 채권은 민법 제163조 각호에 의하여 3년입니다.

  1. 여관, 음식점, 대석, 오락장의 숙박료, 음식료, 대석료, 입장료, 소비물의 대가 및 체당금의 채권

  2. 의복, 침구, 장구 기타 동산의 사용료의 채권

  3. 노역인, 연예인의 임금 및 그에 공급한 물건의 대금채권

  4. 학생 및 수업자의 교육, 의식, 유숙에 관한 교주, 숙주, 교사의 채권은 민법 제164조에 의하여 1년입니다.

① 판결에 의하여 확정된 채권 ② 파산절차에 의하여 확정된 채권 및 재산상의 화해, 조정 기타 판결과 동일한 효력이 있는 것에 의하여 확정된 채권. 다만 판결확정 당시에 변제기가 도래하지 아니한 채권 제외하여 민법 제165조 제1항 제2항 제3항에 의하여 10년입니다.

불법행위에 기한 손해배상청구채권 ①손해 및 가해자를 안 날로부터 민법 제766조 제1항 3년, ②불법행위를 한 날로부터 민법 제766조 제2항 10년입니다.

(2) 상법에 의한 소멸시효

상행위로 인한 채권(대출금, 카드연체금, 상거래대금) 상법 제64조 5년입니다. ① 운송주선인·운송인·창고업자의 책임 상법 제121조, 제147조, 제166조 1년이고, ② 운송주선인·운송인위탁자 또는 수하인에 대한, 창고업자의 임치인 또는 창고증권소지인에 대한 채권 상법 제122조, 제147조, 제167조 1년이고, ③ 공중접객업자의 책임 상법 제154조 6년입니다. ④ 주주의 이익 등의 배당금지급청구권 상법 제464조의2 제2항 5년입니다. ⑤ 회사채의 상환청구권 등 상법 제487조 제1항 제2항 10년입니다. ⑥ 회사채의 이자, 이권소지인의 이권과 상환한 공제액지급청구권 상법 제487조 제3항 5년입니다. ⑦ 보험금청구권과 보험료 또는 적립금의 반환청구권 상법 제662조 3년입니다. ⑧ 보험료청구권 상법 제662조 2년입니다.

(3) 어음·수표채권의 소멸시효

발행인에 대한 청구권(소지인 또는 환수한 배서인으로부터) 어음법 제77조 제1항 제8호, 제70조 제1항 만기일로부터 3년입니다.

① 배서인에 대한 청구권(소지인으로부터) 어음법 제77조 제1항 제8호 제70조 제2항 거절증서의 일자, 거절증서작성 면제의 경우는 만기일로부터 1년입니다. ② 배서인에 대한 청구권(소구의무를 이행하여 환수한 배서인으로부터) 어음법 제77조 제1항 제8호, 제70조 제3항 어음을 환수한 날 또는 제소된 날부터 6개월입니다. ③ 만기가 백지인 약속어음의 백지보충권 대법원 2003. 5. 30. 선고 2003다16214 판결 백지보충권을 행사할 수 있는 때로부터 3년입니다. ④ 환어음 인수인에 대한 청구권(소지인 또는 환수한 배서인으로부터) 어음법 제70조 제1항 만기일로부터 3년입니다. ⑤ 발행인 및 배서인에 대한 소구권(소지인으로부터) 어음법 제70조 제2항 거절증서의 일자, 거절증서작성 면제의 경우는 만기일로부터 1년입니다. ⑥ 발행인 및 배서인에 대한 소구권(소구의무를 이행하고 환수한 배서인으로부터) 어음법 제70조 제3항 어음을 환수한 날 또는 제소된 날부터 6개월입니다. ⑦ 수표 소지인의 배서인, 발행인, 보증인에 대한 상환청구권 수표법 제51조 제1항 제시기간 경과 후 6개월입니다. ⑧ 환수한 자의 다른 수표채무자에 대한 재소구권 수표를 환수한 날 또는 제소된 날부터 6개월

입니다. ⑨ 지급보증인에 대한 청구권 수표법 제58조 제시기간 경과 후 1년입니다. ⑩ 발행일이 백지인수표의 백지보충권 대법원 2002. 1. 11. 선고 2001도206 판결 백지보충권을 행사할 수 있는 때로부터 6개월입니다.

(4) 근로기준법 등 기타 법률에 따른 소멸시효

근로기준법의 적용을 받는 임금채권 근로기준법 제49조 3년입니다. ① 근로기준법의 적용을 받는 재해보상 청구권 근로기준법 제92조 3년입니다. ② 근로자퇴직급여보장법의 적용을 받는 퇴직금청구권 근로자퇴직급여보장법 제10조 3년입니다. ③ 국세징수권 5억 원 이상의 국세 국세기본법 제27조 제1항 10년, ④ 5억 원 미만의 국세 5년입니다. ⑤ 국가 또는 지방자치단체의 금전채권 국가재정법 제96조 제1항 지방재정법 제82조 제1항 5년입니다. ⑥ 국가 또는 지방자치단체에 대한 금전채권 국가재정법 제96조 제1항 지방재정법 제82조 제1항 5년입니다. ⑦ 수급권자 · 가입자의 국민연금급여청구권, 국민연금과오납금 반환청구권 국민연금법 제115조 5년입니다. ⑧ 국민연금보험료, 환수금, 징수권 · 환수권 국민연금법 제115조 3년입니다. ⑨ 건강보험급여청구권, 건강보험과오납금 반환청구권, 보험료·연체금을 징수할 권리 국민건강보험법 제91조 3년입니다. ⑩ 공탁금 및 동 이자의 출급 및 회수청구권 공탁금지급청구권의 소멸시효와 국고귀속절차(행정예규 제560호), 공탁법 제9조 제3항 10년입니다.

소멸시효는 상법 제64조(상사시효) 상행위로 인한 채권은 본법에 따른 규정이 없는 때에는 5년간 행사하지 아니하면 소멸시효가 완성합니다. 그러나 다른 법령에 이보다 단기의 시효의 규정이 있는 때에는 그 규정에 의한다. 판례는 당사자 쌍방에 대하여 모두 상행위가 되는 행위로 인한 채권뿐만 아니라 당사자 일방에 대하여만 상행위에 해당하는 행위로 인한 채권도 상법 제64조 소정의 5년의 소멸시효기간이 적용되는 상사채권에 해당하는 것이고, 그 상행위에는 상법 제46조 각 호에 해당하는 기본적 상행위뿐만 아니라 상인이 영업을 위하여 하는 보조적 상행위도 포함되며, 상인이 영업을 위하여 하는 행위는 상행위로 보되 상인의 행위는 영업을 위하여 하는 것으로 추정되는 것이다. 라고 판시하고 있고, 말하자면 채무자가 금융회사에서 대출받은 채권이나, 카드대금 연체료 같은 채권도 상사채권으로 소멸시효는 5년입니다.

소멸은 빌려준 돈이나 거래상 대금을 받을 권리를 행사할 수 있음에도 그 권리를 행사하지 않으면 '소멸'하고, 이런 일정한 기간을 '소멸시효'라고 부르며, 모든 채권은 법률에 정해진 기간 동안 행사하지 않으면 「소멸시효의 완성으로 소멸」하게 됩니다.

(5) 소멸시효 중단

소멸시효기간은 일반채권이나 판결 또는 확정된 지급명령이나 이행권고결정을 받은 경우 등은 10년이며, 상사채권 또는 공법상의 채권은 5년이며, 이자, 급료 등 기타 1년 이내의 기간으로 정한 금전이나 물건의 지급을 목적으로 한 채권과 생산자 및 상인이 판매한 생산물 및 상품의 대가 등의 채권은 3년이며, 음식점, 숙박료, 입장료 등의 채권은 1년이며, 불법행위에 기한 손해배상청구채권은 민법 제766조 제1항의 경우 3년이고, 민법 제766조 제2항의 경우 10년이며, 상행위채권은 5년이며, 근로기준법상 임금채권은 3년이 경과하면 소멸됩니다.

원고가 피고에게 금전지급청구를 하였을 때, 위 채권에 대한 채권시효가 완성된 경우에는 채권소멸시효가 도과되어서 더 이상 돈을 지급할 의무가 없다고 답변서를 써내고 항변하여야 합니다. 채권소멸시효는 위와 같이 일반채권은 10년, 상사채권은 5년, 그 외 단기 채권은 3년 또는 1년으로 정해져 있습니다. 소멸시효기간이 지났다고 해서 무조건 소멸시효가 완성되었다고 보는 것은 아닙니다. 특정한 요건에 해당되는 경우에는 소멸시효가 중단되고, 이에 따라 원고는 "아직 소멸시효가 완성되지 않았으니 피고에게 금전을 지급할 의무가 있다"고 주장하며 반박하고 나올 수 있습니다.

민법에서 규정하고 있는 소멸시효 중단사유는 다음과 같습니다.

첫째, 재판상 청구

둘째, 압류, 가압류, 가처분

셋째, 채무승인이 있습니다.

재판상 청구, 즉 민사소송을 제기하는 것을 말합니다. 개인적으로 돈을 달라고 내용증명을 보내거나, 구두로 요청(증거로 문자메시지 녹취록이 있어야 합니다)하는 것은 위 청구에 포함하지 않으며, 이러한 방법은 법률상 '최고'에 해당합니다.

이처럼 최고를 한 경우에는 6개월 이내에 소송을 제기하거나 가압류를 해야만 소멸시효가 중단됩니다. 재판상 청구, 즉 소송을 제기한 경우에는 판결이 나오면 새롭게 10년의 소멸시효가 생기게 됩니다. 그리고 압류, 가압류, 가처분을 한 경우(이를 보전처분이라고 합니다)에는 소멸시효가 중단되며, 위 보전처분이 해제될 때에는 소멸시효가 다시 진행되는 것입니다.

채무승인은 채무자가 스스로 채무가 있음을 인정하는 행위를 말합니다. 그 구체적인 행위는 채무자가 "반드시 돈을 지급하겠다."고 말하거나 원금 또는 이자를 지급한 적이 있다면, 시효의 중단이 있었다고 보아야 합니다. 이와 같이 채무승인이 있은 경우에는, 소멸시효가 중단되고 다시 소멸시효가 진행됩니다.

(6) 대여금 소멸시효 완성채권의 사례

원고와 피고는 카센터를 공동으로 운영하기로 하였는데 2012. 9. 1. 카센터를 정리하면서 원고가 피고에게 돈을 3,600만원을 받지 못했다고 소송을 걸었고 피고는 이 사건 대여금이 원고와 피고의 동업관계에서 발생한 대여금이고, 원고와 피고가 동일한 업종의 서비스업소를 운영하는 상인이라는 점에 착안하여 역수 상 2012. 9. 1.부터 2017. 9. 1.까지 5년이 경과한 2019. 5. 1. 이 사건 청구를 한 것이므로 이는 상사소멸시효(5년)가 완성된 채권이라고 주장하고 채권이 이미 소멸되었다고 주장하는 답변서를 제출하였습니다. 결국 원고의 청구가 전부 기각되었고, 피고는 부당한 채권추심 압박에서 벗어나게 되었습니다.

(7) 대부업체 등의 추심 형태

일부 대부업체 등은 원금을 깎아주겠다며 단돈 1만 원 이라도 상환을 요구하는 경우 이미 완성된 소멸시효를 부활시키려는 의도일 가능성이 높기 때문에 소멸시효 완성채권 사실을 확인하기 전에는 절대 상환요구에 응하지 말아야 합니다.

소멸시효 완성채권 여부를 신중히 따져보아야 하고, 소멸시효 완성채권으로 확인될 경우 아무리 소액이라도 변제하면 다시 소멸시효가 부활될 수 있다는 사실을 명심하시고 변제할 의사가 없다면 채무자는 소멸시효 완성채권임을 주장하고 절대 갚지 않아야 합니다. 소멸시효가 완성된 채권이라 하더라도 채무자가 채무의 일부라도 갚거나 채무이행각서 등을 작성해 주면 채무자가 소멸시효의 이익을 포기한 것으로 간주될 수 있고 이러한 경우에는 소멸시효가 다시 부활하고 채무자는 상환의무가 생깁니다.

(8) 불법추심행위의 신고

소멸시효가 완성된 채권으로, 확인되어 채무자가 채무이행을 거절하였음에도 불구하고 채권추심을 계속할 경우에는 채무자는 가차 없이 금융감독원 '불법사금융 피해 신고센터' 또는 전국 지방자치단체 '서민금융종합지원센터' 로 신고하시면 됩니다.

제5장. 채권의 소멸

채권은 소멸되는 이유가 여러 가지 있습니다. 민법이 규정하는 것으로는 다음의 것이 있습니다.

(1) 변제

변제는 채권의 내용을 실현하는 채무자의 행위입니다. 따라서 변제가 있으면 채권은 그 목적을 달성하는 것이므로 소멸합니다.

(2) 대물변제

채무자가 본래 부담하였던 채무이행 대신에 다른 급부를 제공함으로써 채권을 소멸시키는 것입니다.

(3) 공탁

채무자 또는 기타의 변제자가 변제의 목적물을 공탁소에 임치하고 채무를 면하는 것입니다. 공탁은 채권자가 변제의 수령을 거절하거나, 이를 수령하는 것이 불가능하거나, 변제자의 과실 없이 누가 채권자인지 알 수 없는 경우에 행해지며, 그 효력은 변제와 동일하게 소멸합니다.

(4) 상계

동일 당사자 간의 대립하는 채권채무를 서로 같은 액수에 있어서 소멸시키는 것입니다.

(5) 경개

구 채무를 없애버리고 신 채무를 성립시키는 계약으로 대물변제에 있어서는 변제를 대신하는 급부가 현실로 행해지는데 반해, 경개에 있어서는 구 채무에 대신해 새로운 한 개의 채무가 성립하는 것에 불과합니다.

(6) 면제

채권을 무상으로 소멸시키는 채권자의 단독행위입니다. 어떤 주어진 책임이나 의무를 면할 정도로 덜하게 됨을 말하는데 예컨대 그 책임이나 의무를 조금도 받지 않는 것을 의미합니다. 세금면제나 등록금면제 또는 은행수수료면제와 같이 채무를 받지 않고 면제한다는 뜻이므로 채권은 소멸합니다.

(7) 혼동

채권과 채무자가 같은 사람에게 귀속하게 되는 것인데 예컨대 채무자가 채권자의 상속인이 된 경우에 채권은 소멸합니다.

제6장. 변제

채무의 내용대로 급부를 하여 채권을 소멸시키는 행위를 실무에서는 이를 '변제' 라고 부릅니다. 변제는 남에게 진 빚을 갚았다는 말입니다. 변제가 있으면 채권자는 목적을 달성하고 채권은 소멸합니다. 채무자의 변제방법은 변제(채무자가 채무의 내용에 따라 급부를 실현하는 행위를 말하며, 변제가 있으면 채권자는 목적을 달성하고 채권은 소멸됩니다)를 위하여 필요한 모든 행위를 완료하고 채권자의 수령을 구하는 것입니다.

이를 이행의 제공이라고도 합니다. 민법상 변제제공의 방법은 채무의 내용에 좇아서 현실제공으로 이를 하여야 합니다. 이것을 현실제공이라고 합니다. 예를 들면 금전의 지참채무는 금전을 가지고 지급장소로 나가야 하는 것입니다. 예외로서 채권자가 미리 변제받기를 거절하거나, 채무의 이행에 채권자의 행위를 요하는 경우에는 변제준비의 완료를 통지하고 그 수령을 최고하면 됩니다.

이것을 구두의 제공이라 합니다. 예를 들면 임대료를 둘러싼 분쟁으로 인하여 그 달의 월세를 임대인이 받지 않는 경우에 월세가 준비되었으니까 받으라고 통지를 하거나 채권자가 지정하는 장소에 상품을 송부할 경우에 상품발송의 준비를 하고 송부처의 지정을 바라는 것과 같은 경우입니다.

원고가 이미 변제한 돈을 청구한 경우, 원고가 피고에게 대여금을 지급하라는 청구에 대하여 피고가 돈을 빌린 것은 맞지만 빌린 돈은 이미 변제하였다고 원고의 주장을 부인하는 것이 아니라 이와는 별개의 사항으로 변제를 주장하고 원고의 주장을 배척을 구하는 것은 항변입니다. 피고가 이미 빌린 돈을 변제하였다고 항변하면 피고가 주장하고 입증하여야 합니다. 피고는 항변으로 변제하였다는 증거를 제시하고 원고의 청구를 기각해 달라고 답변서를 제출하시면 됩니다.

항변은 공격방어 방법의 일종으로서 원고의 주장을 부인하는 데 그치지 아니하고 이것을 배제하기 위하여 그 조각원인(변제사실)이나 소멸원인과 같은 별개의 주장을 하는 것을 말합니다. 예를 들면 원고의 대여금반환 청구에 대한 피고의 변제의 주장이나 소멸시효의 주장을 말합니다. 항변에는 실체법상의 항변과 소송법상의 항변이 있습니다. 실체법상의 항변은 원고가 주장하는 법률효과의 발생 자체를 부정하고 또는 일단 발생한 효과를 소멸시키는 것으로서 사실항변(예를 들면 변제의 사실의 진술)과 권리항변(예를 들면 취소권이나 상계권의 행사와 동시에 그 효과를 항변의 내용으로 하는)으로 나눌 수 있습니다.

소송법상의 항변에는 소송요건 결함의 항변(담보제공의 항변)과 증거항변(증거신청의 부적법이나 증거조사절차의 위법 등의 주장)이 있습니다. 소송계속의 항변이나 관할위반의 항변 등 직권 조사사항에 관한 것은 본래 피고의 주장을 요하지 않으므로 본래의 항변과는 다릅니다. 원고가 피고의 항변에 대하여 새로이 하는 항변을 재항변이라고 합니다. 피고가 원고의 재항변에 대한 항변을 재재항변이라고 합니다. 항변의 판단에는 기판력이 생기지 않습니다.

제7장. 대물변제

대물변제는 민법 제466조에 의하여 채무자가 부담하고 있던 본래의 채무이행을 대체하여 다른 급여를 함으로써 채권을 소멸시키는 채권자와 변제자 사이의 계약입니다. 대물변제는 변제와 같은 효력을 가집니다. 예컨대 1,000만 원을 지급하여야 할 금전급부에 대체하여 포크레인 1대를 급부하는 것과 같습니다. 그러나 대물변제는 계약인 점에서 변제와 다릅니다. 또 본래의 급부와 다른 급부를 함으로써 채권을 소멸시키는 점에서 대물변제는 경개와 비슷하나, 대물변제는 본래의 급부와 다른 급부를 현실적으로 하는 점에서 단순히 다른 급부를 할 신 채무를 부담하는 데 그치는 경개와 다릅니다.

대물변제는 요물·유상계약이므로 대물변제로서 급부한 물건에 하자가 있더라도 소멸한 채권이 당연히 부활하지는 않습니다. 또한 하사 없는 물건의 급부를 청구하지도 못합니다. 채권자는 오직 매도인의 담보책임에 관한 규정의 준용에 의하여 보호될 뿐입니다. 여기서 대물변제의 예약은 금전소비대차의 당사자 사이에서 장차 채무자가 돈을 빌리면서 변제 기일에 이르러 채무를 이행하지 않을 때에는 특정물에 대한 소유권을 채권자에게 이전한다는 예약의 형식으로 실무에서는 흔히 이용되고 있으며, 물적 담보제도의 하나로서 거래 시에 중요한 기능을 하고 있습니다.

대물변제의 예약에는 2개의 유형이 있습니다. 변제기에 변제를 하지 못하면 목적물의 소유권이 당연히 채권자에게 이전한다고 하는 것이 정지조건부 대물변제계약입니다. 채권자의 예약완결권의 행사를 요하는 것이 협의의 대물변제의 예약입니다. 말하자면 채권담보를 위하여 채권자와 채무자(또는 제3자) 사이에 채무자 소유의 부동산을 목적물로 하는 대물변제예약 또는 매매예약 등을 하는 동시에 채무불이행의 경우에 발생하게 될 장래의 소유권이전청구권을 보전하기 위한 가등기를 하는 변칙적인 담보가등기로 활용하고 있습니다.

어느 경우에나 채무자의 궁박·경솔 또는 무경험을 이용한 현저한 불균형이 있는 때에는 민법 제104조의 불공정한 법률행위 또는 폭리행위로서 무효가 됩니다. 따라서 대물변제 예약의 목적물인 재산권의 가액은 차용 액(본래의 채권액)과 그 이자의 합산한 액수를 넘지 않는 범위 내에서만 유효한 것입니다.

원고의 소멸한 원리금을 청구한 사례, 원고가 피고를 상대로 청구하고 있는 이 사건 대여금의 요지는 피고에게 3,000만 원을 대여하고 만일 피고가 변제 기일까지 변제하지 못할 시 피고가 소유하고 있는 지게차에 대한 소유권을 이전하기로 하였던 것인데 피고가 이 사건의 대여금을 변제하지 아니하여 위 지게차량의 소유권을 원고가 이전하였던 것인데 이 사건의 지게차량은 전혀 사용이 불가능하고 지게차량에 대한 하자가 많아 대여원리금의 반환을 청구하고 있습니다.

피고는 이 사건 원고의 청구와 관련하여 답변서에서 대물변제는 요물·유상계약이므로 대물변제로서 급부한 지게차량에 하자가 있더라도 이미 소멸한 채권이 당연히 부활하지 않을 뿐만 아니라 원고는 피고에게 하자 없는 지게차량의 급부를 청구할 수 없는 것이므로 원고의 청구를 기각해 달라고 했습니다.

이에 재판부는 민법 제567조, 제580조의 규정에 의하여 대물변제는 요물 또는 유상계약이므로 피고가 대물변제로서 급부한 지게차량에 하자가 있더라도 소멸한 채권이 당연히 부활하지는 않으며, 또한 원고는 하자 없는 지게차량의 급부를 피고에게 청구할 수 없는 것이고 원고는 오직 매도인의 담보책임에 관한 규정의 준용에 의하여 보호될 뿐이라는 이유를 들어 원고 패소판결을 하였습니다.

제8장. 공탁

(1) 공탁

채무자가 채무를 이행(변제)하려고 하여도 일정한 사유에 의하여 채무자가 채무이행을 할 수 없는 경우에 채무의 목적물을 공탁소에 공탁함으로써 채무를 면하는 공탁을 말합니다. 공탁은 합의가 이뤄지지 않을 때 가해자 쪽이 적절한 금액을 법원에 맡겨 합의에 최선을 다했음을 증명해 보이기 위한 것입니다. 공탁에는 (1) 변제를 위한 공탁, (2) 담보를 위한 공탁, (3) 보관을 위한 공탁, (4) 특수공탁 등이 있습니다. 특히 변제공탁은 공탁함으로써 채무자가 채무를 면하게 되는 공탁으로서, 이는 채권자가 수령을 거절하거나 수령할 수 없거나 또는 과실 없이 채권자를 알 수 없는 경우 등에 변제공탁을 할 수 있습니다.

담보공탁은 상대방에게 생길지도 모르는 손해를 담보하기 위한 공탁으로서, 가령 가집행선고·가압류·가처분 등에 수반되는 공탁(재판상의 보증) 등입니다. 말하자면 법령의 규정에 따른 원인에 의해 금전·유가증권·기타의 물품을 국가기관(법원의 공탁소)에 맡김으로써 일정한 법률상의 목적을 달성하려고 하는 제도를 말합니다. 따라서 법령에 '공탁하여야 한다' 또는 '공탁할 수 있다.' 라고 규정하거나 그 공탁근거 규정을 준용하거나 담보제공 방법으로서 공탁을 규정한 경우에 한하여 공탁할 수 있으며 그러한 규정이 없는 경우에는 공탁할 수 없습니다.

공탁사무를 관장하는 기관으로 공탁절차의 주재와 공탁물의 보관·관리에 관여합니다. 공탁절차의 주재는 지방법원장 또는 동지원장 감독 하에 공탁공무원이 행하지만 공탁물의 보관·관리는 대법원장이 지정하는 은행 및 창고업자가 행하여 실질적으로 두 가지 기능이 분리되어 행하여지고 있습니다.

(2) 변제공탁

변제공탁이란, 채무자가 변제를 하려고 하여도 채권자가 변제를 받지 아니하거나,

변제를 받을 수 없는 경우 또는 과실 없이 채권자가 누구인지 알 수 없는 경우에 채무자가 채무이행에 대신하여 채무의 목적물을 공탁소에 맡김으로써 그 채무를 면할 수 있는 것을 변제공탁이라고 합니다. 채권자의 협조 없이도 채무자가 채무를 청산하고 채무자의 지위에서 가지게 되는 여러 가지 부담(이자를 물어야 하는 점, 근저당권을 소멸시키지 못하는 점 등)에서 벗어나게 함으로써 채무자를 보호하고자 하는 제도라 할 수 있습니다.

(3) 수령거절

채권자의 이행(채권의 목적인 의무자의 행위(또는 부작위)를 말합니다.)의 수령을 거절하는 의사표시(일정한 법률효과의 발생을 위하여 이를 외부에 표시하는 행위로서 법률행위의 요소입니다)를 수령거절이라고 합니다. 이처럼 채권자가 이행의 수령을 거절하는 때에는 이행의 제공(채권자의 협력을 필요로 하는 채무에 있어서 채무자가 급부의 실현에 필요한 모든 준비를 다해서 채권자의 협력을 요구하는 것을 말합니다)이 있는 때로부터 지체책임이 있습니다. 그런데 채권자가 미리 변제받기를 거절하는 경우에는 변제자는 변제준비의 완료를 통지하고 그 수령을 최고하면 되며, 채권자가 변제를 받지 않을 때에는 변제자는 민법 제487조에 의하여 채권자를 위하여 변제의 목적물을 공탁하여 그 채무를 면할 수 있으므로 공탁을 하는 것입니다.

(4) 원고의 대여금에 대한 변제공탁 사례

원고는 피고에게 15,000,000원을 대여하였는데 원리금을 지급하지 않아 청구에 이른 것이라고 주장하고 있습니다. 이에 피고는 답변서에서 원고로부터 15,000,000원을 빌렸으나 이를 변제하기 위하여 변제 기일에 이르러 원고에게 현실제공하려 했으나 원고가 무리한 요구를 하면서 수령을 거절하므로 피고는 연월일 부산지방법원 서부지원의 공탁관에게 금 15,000,000원 및 이에 대한 연월일부터 연월일까지의 약정이자 금 700,000원을 포함한 총 15,700,000원을 별지 첨부한 공탁서와 같이 공탁하였으므로 피고에 대한 원고의 이 사건 대여금은 채권이 소멸되어 원고의 청구를 기각해 달라고 답변서를 작성해 제출하였습니다.

재판부는 원고의 수령거절로 인하여 피고가 공탁한 사실과 피고가 지급하기로 한 약정이자를 모두 공탁한 것이므로 원고의 청구를 기각하는 판결을 하였습니다.

(5) 매매대금 수령거절 공탁 후 소유권이전등기청구 사례

매도인과 매수인은 충청남도 서산시 서산로 소재 대지를 매매하는 계약을 체결하면서 잔금의 지급을 상환으로 매도인이 소유권이전등기에 필요한 서류를 제공하기로 하였던 것인데 매도인이 갑자기 잔금 지급기일에 이르러 주변에 땅 값이 많이 올랐다는 이유로 잔금의 지급을 거절하였습니다. 이에 매수인은 법원에 가서 매도인에게 지급하기로 한 잔금을 공탁하고 매도인을 상대로 소유권이전등기청구 소송을 제기하여 승소판결을 받아 소유권이전등기를 완료한 사건입니다.

(6) 채권자의 불 확지를 원인으로 한 공탁

특정채권에 대하여 채권양도의 통지가 있었으나 그 후 통지가 철회되는 등으로 채권이 적법하게 양도되었는지 여부에 관하여 의문이 있는 경우 민법 제487조 후단의 채권자 불 확지를 원인으로 하는 변제공탁 사유가 생기므로 불 확지 변제공탁을 하고 채무를 소멸시킬 수 있습니다. 특정채권에 대하여 가압류 또는 압류나 양도·양수 등 채권자가 경합되어 누구에게 지급해야 할지 불확실한 경우 채권자 불 확지를 원인으로 하는 변제공탁 사유가 발생하기 때문에 공탁으로 인하여 채무를 소멸시킬 수 있습니다.

제9장. 상계

(1) 상계

상계는 채권자와 채무자가 서로 같은 종류의 채권·채무를 가지고 있는 경우 그 채권과 채무를 대등액에서 소멸시키는 일방적 의사표시를 말하는 것입니다. 예를 들어, 채권자와 채무자가 2,000만 원의 금전소비대차를 하였으나, 채무자에게는 이미 채권자에게 다른 받을 돈 1,000만 원이 있는 경우 1,000만 원의 액수에 관해서는 채무자가 채권자에게 상계함을 표시하는 동시에 채무가 소멸합니다. 다만 상계는 채무의 성질이 상계를 허용하지 않을 때에는 상계할 수 없는 것입니다. 또한 당사자가 다른 의사를 표시한 경우에는 상계할 수 없습니다.

그러나 그 의사표시로써 선의의 제3자(어떤 법률관계에서 직접 참여하는 자를 당사자라 하고 그 이외의 자를 제3자라고 합니다)에게 대항할 수 없습니다. 소멸시효가 완성된 채권이 그 완성 전에 상계할 수 있었던 것이면 그 채권자는 상계할 수 있습니다.

상계는 다음과 같은 경우에 금지됩니다. (1) 채무가 고의의 불법행위로 인한 것인 경우, (2) 채권이 압류하지 못할 것인 경우, (3) 압류·가압류와 같이 지급을 금지하는 명령을 받은 제3채무자는 그 후에 취득한 채권에 의한 상계로 그 명령을 신청한 채권자에게 대항할 수 없습니다.

손익상계에 대해서는 채권자가 어떤 손해와 동일한 사유에 의해 이익을 받을 때, 손해액에서 이익을 얻는 부분만큼을 공제하는 것을 말합니다. 다시 말해 채무자의 과실이 채권자에게 손해와 동시에 이익을 주는 경우, 그 이익 부분은 배상하지 않아도 된다는 것이 손익상계의 법리입니다. 채권자 측이 손해발생 또는 확대 과정에 기여한 정도를 채무자가 배상해야 할 손해액에서 빼는 것이므로 과실상계와 구별됩니다. 민법상 직접적인 규정은 없지만 주로 공평의 요구에 따라 손해배상의 성질상 당연히 인정되고 있습니다.

손익상계에 의하여 공제되는 이득은 손해배상책임이 발생하는 원인과 상당인과관계(어떤 원인이 있으면 그러한 결과가 발생하리라고 보통 인정되는 관계)가 있는 것에 한 합니다.

과실상계는 채무불이행이나 불법행위에서 채권자에게도 과실이 있으면 손해배상의 책임과 금액의 결정에 있어서 그 과실을 참작하는 것을 말합니다. 과실상계에 대해서는 채무자의 항변권이 아니므로 법원은 직권으로 채권자의 과실의 유무를 조사하여야 합니다. 법원이 채권자의 과실을 인정한 때에는 반드시 참작하여야 하며 채권자의 과실을 인정하면서도 참작하지 않는 것은 위법한 판결로써 상고이유가 됩니다. 그러나 법원이 어느 정도로 채권자의 과실을 인정할 것인가 하는 것은 법원의 재량에 속하는 것입니다.

(2) 상계의 항변

상계항변은 소송에서 법원에 상계의 의사표시를 하는 법률상 및 사실상의 진술을 법적으로 상계의 항변이라고 합니다. 민법상의 상계의 의사표시에는 조건을 붙일 수 없으나, 소송상의 항변으로서는 가정적으로도 할 수 있으며, 가정적 항변으로 행하여지는 것이 보통입니다. 판결의 기판력이 생기는 범위는 일반적으로 판결의 주문 중에 포함된 것에 한 합니다. 그러나 상계의 항변이 제출된 경우에는 반대채권의 존부에 대한 판결이유 중의 판단이 상계로써 대항한 액의 범위에서 기판력을 가집니다. 이는 결말이 난 판결을 다시 문제 삼는 일을 막기 위함에 있습니다.

소송에서 원고의 소송물인 채권을 피고가 소유하고 있는 반대채권에 의해 피고가 상계를 한다고 하는 주장하는 것이 상계입니다. 실무에서는 원고의 채권이 존재할 때 이를 자기의 반대채권으로 상계한다고 항변이 대부분입니다. 이를 예비적 상계의 항변이라도 부릅니다. 예컨대 매매대금 청구의 소송에서 피고는 먼저 그 매매계약 그 자체를 다투거나 또는 변제사실을 주장하고, 그래도 원고의 청구권이 존재하면 자기가 갖고 있는 반대채권으로 상계한다고 하는 것입니다. 따라서 법원도 피고의 다른 주장의 조사를 끝내고 서야 이를 채택합니다.

(3) 원고의 청구에 대한 피고의 상계항변

　원고는 피고에게 대여금으로 금 4,000만원으로 청구하고 있습니다. 이에 피고는 원고로부터 4,000만원을 빌린 것은 맞지만 피고가 원고에게 원고가 운영하고 있는 전자제품대리점을 넘기면서 받지 못한 전자제품대금 1,000만원과 약정한 권리금 2,000만원에 대한 채권 3,000만원을 가지고 있으므로 이를 상계하고 나머지 1,000만원은 원고가 지급 거절하여 하는 수 없이 변제공탁을 하였으므로 원고의 청구를 기각해 달라는 상계의 항변을 하고 전자제품대금 및 약정 권리금 내역서와 공탁서 사본을 증거로 답변서에 첨부하여 제출하였습니다.

　법원은 원고의 피고에 대한 대여금 4,000만원에서 피고가 원고로부터 지급받아야 할 전자제품대금 1,000만원과 약정 권리금 2,000만원 그리고 나머지 차액 1,000만원에 대하여 변제 공탁한 사실을 인정하고 원고 패소 판결을 한 사례입니다.

(4) 과실상계 항변

　원고는 피고에게 손해배상으로 위자료 등을 청구한 사건에 대하여 피고는 원고와 피고는 서로 말다툼을 하다가 같이 멱살을 잡고 옥신각신 하다가 일어난 것으로 원고도 다쳤고 피고도 다쳤는데 원고가 자신에게만 상처가 난 것으로 판단하고 자신의 손해액을 전부 피고에게 청구하고 있습니다. 그러나 피고도 원고와 같이 넘어지고 원고가 얼굴을 부딪치는 등 상해를 가한 것이므로 원고의 손해와 피고가 입은 손해를 대등한 입장에서 50%씩 배상유무 및 손해액을 정하는데 참작해 달라고 답변서를 제출하였습니다.

　이에 재판부에서는 이 사건의 손해의 발생 또는 그 증대에 대하여 피해자 원고에게도 과실이 있으므로 오로지 자기의 과실에 의한 손해를 전부 피고에게 전가하는 것은 형평의 정신에 반한다는 이유를 들어 원고의 손해와 피고의 손해배상 및 손해액을 정하고 각 50%씩 부담하라는 판결이 있었습니다. 결국 원고의 과실상계 비율을 50%로 한정하게 된 판결과 같이 원고의 과실에 의한 손해를 전부 피고에게 전가할 수 없다는 취지입니다.

　원고에게 과실이 있을 때에는 반드시 그 과실을 참작하여 배상액을 정하여야 하며,

때로는 피고의 책임을 면제하는 수도 있으므로 피고로서는 답변서를 통하여 구체적으로 과실상계 부분을 항변하여야 합니다.

제10장. 경개

(1) 경개

경개는 채무의 중요한 부분을 변경함으로써 신 채무(새로운 채무)를 성립시킴과 동시에 구 채무(기존의 채무)를 소멸시키는 계약을 말합니다. 경개의사에 의하여 구 채무를 신 채무로 변경시키는 점에서 보면 대물변제와 비슷하지만 대물변제는 대가를 현실로 주는 것이고 경개는 대가를 현실로 주지 않고 변경을 하는 점에서 다릅니다. 경개계약의 당사자는 경개의 종류에 따라 다릅니다.

(2) 채무자 변경으로 인한 경개

B의 A에 대한 채무를 소멸시키고 C의 A에 대한 채무를 성립시키는 경개는 A, B, C 3인의 계약으로 할 수 있음은 물론이지만, A, C 만의 계약으로 할 수 있습니다. 다만, B의 의사에 반하는 때에는 경개의 효력이 생기지 않습니다.

(3) 채권자변경으로 인한 경개

갑의 을에 대한 채권을 소멸시키고 병의 을에 대한 채권을 성립시키는 병의 을에 대한 채권을 성립시키는 경개는 갑, 을, 병 3인의 계약에 의한다고 할 수 있습니다. 채무의 목적변경으로 인한 경개는 동일채권자·채무자간의 계약입니다. 경개계약에는 아무런 형식을 필요로 하지 않습니다. 다만 채권자 변경으로 인한 경개는 확정일자 있는 증서로 하지 아니하면 이로써 제3자에게 대항하지 못합니다.

경개의 효력으로서 구채무가 소멸되고 신채무가 성립하지만 신구 양채무는 동일성이 없으므로 구채무의 담보 · 보증 · 항변권 등은 원칙적으로 소멸하게 됩니다. 다만 질권·저당권은 특히 이를 신 채무에 옮길 수 있지만 제3자가 제공한 담보는 그 승낙을 얻어야 합니다. 그리고 경개는 유인계약이므로 구채무가 존재하지 않으면 신 채무는 발생하지 않으며, 신채무가 생기지 아니하면 구채무가 소멸되지 않는 것이 원칙입니다.

그러나 두 가지 예외가 인정되고 있습니다. 첫째는 갑, 을, 병 3인의 계약으로 갑, 을 간의 채권을 소멸시키고 병, 을 간의 채권을 성립시키는 경우에, 을이 이의를 보유하지 아니하고 이 계약을 한 때에는 비록 갑, 을 간의 구채권이 존재하지 않는 경우에도 병, 을 간의 신 채권은 성립하는 것입니다.

둘째는 예컨대, 1,000만원의 채무에 대하여 건설기계장비를 채무로 변경하는 경개에 있어서, 그 건설기계장비가 하자가 있기 때문에 이것을 목적으로 하는 신채무가 성립되지 않는 경우에 만약 당사자가 이 사실을 알고 있으면 신채무의 불성립에도 불구하고 구 채무는 소멸되는 것입니다. 당사자가 채무의 중요한 부분을 변경하는 계약을 한 때에는 구 채무는 경개로 인하여 소멸합니다.

경개나 준 소비대차는 모두 기존채무를 소멸케 하고 신 채무를 성립시키는 계약인 점에 있어서는 동일하지만 경개에 있어서는 기존채무와 신 채무와의 사이에 동일성이 없는 반면, 준 소비대차에 있어서는 원칙적으로 동일성이 인정된다는 점에 차이가 있습니다. 기존채권 채무의 당사자가 그 목적물을 소비대차의 목적으로 할 것을 약정한 경우 그 약정을 경개로 볼 것인가 또는 준소비대차로 볼 것인가는 일차적으로 당사자의 의사에 의하여 결정되고 만약 당사자의 의사가 명백하지 않을 때에는 의사해석의 문제이나 특별한 사정이 없는 한 동일성을 상실함으로써 채권자가 담보를 잃고 채무자가 항변권을 잃게 되는 것과 같이 스스로 불이익을 초래하는 의사를 표시하였다고는 볼 수 없으므로 일반적으로 준소비대차로 보아야 합니다.

(4) 대출금에 대한 경개

금융기관의 대출채권 판매방법의 하나로서 흔히 경개계약이 이루어지는데 (1) 채권자와 채무자의 관계에서 어떤 채무의 이행과 함께 완전히 새로운 채무를 만드는 것이 있고, ⑵ 대출서류상의 명의 수정을 요하는 거래형태로서 대출채권 판매자가 채권매입자로 대체되고, 그의 권리와 의무 일체가 승계되는 경개계약이 있습니다.

(5) 구 채무 및 신 채무의 소멸 여부

건축공사와 관련한 권리를 포기하는 대신 상대방이 수주할 수 있는지 여부가 분명하지 않은 건축공사를 장차 그 상대방으로부터 하도급받기로 하는 내용의 약정을 체결하였더라도 위 약정은 상대방이 위 건축공사를 수주하지 못할 것을 해제조건으로 한 경개계약이라고 해석함이 상당하므로, 상대방이 위 건축공사를 수주하지 못하는 것으로 확정되면 위 약정은 효력을 잃게 되어 신채무인 위 건축공사의 하도급 채무는 성립하지 아니하고 구채무인 소각처리시설 관련 채무도 소멸하지 않습니다.

(6) 채권의 목적 변경에 의한 경개

공사도급계약에서 공사대금채권에 갈음하여 공사목적물의 일부의 소유권을 양도하기로 하는 계약에 있어서 갑에 대하여 2,000만 원의 매매대금채무를 부담하고 있는 을이 갑과의 계약에 의하여 매매대금채무를 소멸시키고 대신 을이 갑에게 승용차 한 대를 급부할 채무를 부담하는 계약을 채권의 목적 변경에 의한 경개계약이라고 합니다.

(7) 채권자 교체에 의한 경개

C의 B에 대한 채권을 성립시키고 A가 B에 대하여 가지고 있는 채권을 소멸시키는 것으로 이는 채권양도와 유사합니다. 그런데 기존의 채권이 제3자에게 이전된 경우 이를 채권의 양도로 볼 것인지 경개로 볼 것인가는 일차적으로 당사자의 의사에 의하여 결정되고 만약 당사자의 의사가 명백하지 아니할 때에는 특별한 사정이 없는 한 동일성을 상실함으로써 채권자가 담보를 잃고 채무자가 항변권을 잃게 되는 것과

같이 스스로 불이익을 초래하는 의사를 표시하였다고는 볼 수 없으므로 이는 채권양도로 보아야 한다는 판례가 있습니다. 경개로 인하여 구 채무에 존재하였던 담보권이나 보증채무 또는 위약금이나 기타 종된 권리는 소멸하게 됩니다. 당사자의 특약으로 구 채무의 담보를 그 목적 한도 내에서 신 채무의 담보로 할 수 있겠으나 제3자가 담보를 제공한 경우에는 그의 승낙을 얻어야 합니다.

(8) 경개계약으로 소멸된 보증 채무를 청구한 사례

원고는 B에게 돈을 빌려주면서 피고를 보증인으로 세웠던 것인데 원고와 B는 합의하에 구 채무를 소멸하고 신 채무로 B의 소유로 있는 부동산을 근저당권을 설정하였습니다. 그런데 원고는 B의 부동산이 경매가 진행되었으나 원고가 한 근저당권의 신 채무를 배당을 받지 못했다는 이유로 피고에게 구 채무에 선 보증을 운운하면서 이 사건 청구에 이른 것입니다.

이에 피고는 답변서에서 구 채무에 존재하였던 보증채무는 원고와 B 간이 경개계약에 의하여 신 채무가 성립되어 종된 권리인 피고의 구 채무에 대한 보증 채무는 소멸하였으므로 원고의 청구는 이유 없는 것이므로 기각을 구하고 나섰습니다. 법원은 민법 제505조에 의하여 원고가 B 와의 사이의 구 채무는 신 채무의 경개계약으로 소멸되어 그 종된 피고의 구 채무에 대한 보증 채무도 소멸하였다는 이유로 원고의 청구를 기각하는 판결이 있었습니다.

제11장. 면제

(1) 면제

면제는 어떤 주어진 책임이나 권리 의무를 면할 정도로 덜하게 하는 것으로 그 책임이나 의무를 조금도 받지 않는 것을 의미하는 데 면제는 채권의 소멸원인이 됩니다. 특정 책임이나 의무를 부여함에 있어 여러 명의 대상자가 존재할 때 모든 대상자들에게 형평성에 맞추어 부여해야 하나, 특정 대상자가 납득이 가는 수행 불가능한 사유가 있을 때 그 점을 고려하여 책임이나 의무를 부여하지 않는 것임을 뜻합니다.

면제라는 용어가 여러 가지 의미로 사용되는데, 가장 대표적인 채무 소멸의 원인 중 하나인 채무면제입니다. 법률행위로서 면제는 채권자가 채무자에 대한 그의 채권을 무상으로 소멸시키는 단독행위입니다. 채권은 당사자의 계약에 의하여서도 소멸시킬 수 있으나, 민법에서는 채무면제를 단독행위로 규정하고 있습니다.

면제는 채권을 소멸시키는 행위로서 이를 준 물권행위입니다. 따라서 처분행위입니다. 면제는 단독행위이지만 상대방에게 이익이 되는 것이므로 조건을 붙일 수 있습니다. 면제는 처분행위이기 때문에 채권의 처분권한을 가지고 있는 자만이 면제를 할 수 있는 것입니다. 그러므로 채권의 추심을 위임받은 자는 그 채권의 면제를 할 수 없는 것입니다. 그리고 채권자일지라도 그 면제할 채권에 대하여 압류가 되어있거나 질권의 목적으로 되어 있는 경우에는 그에 대한 면제할 수 있는 처분권한이 제한되기 때문에 면제로써 압류채권자나 질 권자에게 대항할 수 없습니다.

면제는 채권자가 채무자에 대하여 일방적인 의사표시로 할 수 있습니다. 그 의사표시에 대한 방식에는 제한을 받지 않으며, 명시적으로뿐만 아니라 묵시적으로도 할 수 있습니다. 예를 들어 문자메시지나 전화통화 등으로 할 수 있고 제3자를 통하여 할 수 있고 우편으로도 할 수 있고 누구도도 면제를 할 수 있습니다. 면제가 있으면 그 채권은 소멸합니다. 물론 일부면제도 가능하며 일부면제의 경우에는 그 면제된 범위에서 채권이 소멸합니다. 그리고 채권이 전부 소멸한 때에는, 그 채권에 수반하는 담보물권, 보증채무 등의 종된 권리도 같이 소멸합니다. 채권자는 자유롭게 면제할 수 있습니다. 그러나 그 채권에 관하여 정당한 이익을 가지는 제3자에게는 면제를 가지고 대항할 수 없습니다. 또한 면제에는 연대채무관계에서의 연대의 면제도 있습니다.

연대채무에서 면제는 (1) 절대적 면제 (2) 상대적 면제가 있습니다. 절대적 면제에는 전부면제와 일부면제가 있고, 상대적 면제와 일부면제가 있습니다. 연대채무의 상대적 일부면제는 1인의 연대채무자에 대해 채무의 일부를 면제하는 것이 관례입니다. 연대채무에서 한 연대채무자에 대한 면제는 다른 연대채무자에 대해 절대적 효력을 갖기 때문에 면제는 이처럼 절대적 효력을 갖는 사유입니다.

(2) 면제의 요건

면제는 채권의 처분권한을 가진 자만이 할 수 있습니다. 따라서 채권의 추심을 위임받은 자가 면제를 할 경우 이는 무효입니다. 그러나 추심의 목적으로 채권을 신탁양도받은 자가 행한 면제의 의사표시는 유효합니다. 채권자는 채권을 처분할 수 있는 것이 원칙이지만, 채권이 압류되었거나 질 권의 목적이 된 때에는 면제로써 압류채권자나 질 권자에 대항하지 못합니다.

채무자에 대한 채권자의 일방적 의사표시로 합니다. 방식은 필요 하지 않고 면제의 의사표시는 명시적이거나 묵시적이거나 묻지 않으며, 조건을 붙일 수도 있습니다. 면제의 효과로서 채권이 소멸합니다. 일부면제도 유효하며, 채권 전부가 소멸하는 때에는 그에 수반된 담보권·보증채무 등 종 된 권리도 같이 소멸합니다.

채권자는 자유로 면제할 수 있는 것이 원칙이나, 그 채권에 관하여 정당한 이익을 가지고 있는 제3자에게 대항할 수 없습니다. 연대채무자 중의 1인에 대한 면제는 그 자의 부담부분에 대하여서만 절대적 효력이 생깁니다.

(3) 원고가 면제한 대여금을 청구한 사례

원고는 피고에게 금 4,000만 원을 대여하였는데 피고가 차일피일 지체하면서 이를 변제하지 않아 청구한다는 데 있습니다. 이에 피고는 원고로부터 위 돈을 빌려 원고가 주선한 점포의 보증금으로 지급하고 장사가 되지 않아 약 3,000만원을 수회에 걸쳐 피고가 원고에게 변제한 상태에서 원고가 피고의 사정을 익히 알고 있었던 터라 나머지 1,000만원은 점포를 소개한 도의적인 책임이 있고 해서 면제하였으므로 현재까지 5년이 넘도록 그냥 있다가 최근 원고의 마음이 틀어져 대여금으로 청구한 것이므로 마땅히 기각되어야 한다고 답변서를 작성하고 관련 자료로 3,000만원을 변제한 송금영수증을 제출하고 1,000만원을 면제하겠다는 원고가 피고에게 발송한 문지메시지를 증거로 제출하였습니다.

재판부는 피고가 원고로부터 이 사건 대여금을 차용하고 3,000만원을 변제한 상태에서 나머지 1,000만원에 대해서는 원고가 피고의 사정을 헤아려 문자메시지로 면제한 것으로 인정된다며 원고의 청구는 이유 없다며 기각하는 판결을 선고한 사례가 있습니다.

위 사안에서 볼 수 있듯이 면제는 채권의 일부도 할 수 있고, 면제를 하겠다는 의사표시에 대한 방식에는 제한이 없으므로 처분권자인 원고가 명시적이든 묵시적이든 묻지 않으므로 문자메시지에 면제하겠다는 의사표시가 표출한 이상 면제로서 채권이 소멸되는 것입니다. 면제는 채권자가 채무자에 대한 의사표시에 의하여 채권을 무상으로 소멸시키는 일방적인 단독행위로서 결국 채권의 포기이므로 면제에 대한 간접증거를 제시하여야 하는 것은 물론입니다. 왜냐하면 원고는 면제하지 않았다 내 돈을 달라고 청구한 사안이라면 피고로서는 원고가 면제하였다는 사실을 증명하여야 합니다.

제12장. 혼동

(1) 혼동

혼동은 채권이나 채무와 같이 서로 대립하는 2개의 법률상 지위가 동일인에게 귀속하는 것을 말하고 소멸원인이 됩니다. 말하자면 채무자가 채권을 양수받거나 전세권자가 주택의 소유권을 취득한 경우에 혼동이 일어납니다. 이러한 혼동이 있게 되면 채권 또는 전세권 등의 권리는 원칙적으로 소멸합니다. 자기에 대하여 채권을 가지는 것이거나 자기의 소유부동산에 전세권을 가진다는 것은 혼동으로 무의미하기 때문입니다. 다만 그 권리를 특히 존속시킬 법률상의 의미가 있는 경우에는, 그 권리는 소멸하지 않게 됩니다. 예컨대 채권이 타인의 질권(담보물건을 채무의 변제가 있을 때까지 유치함으로써 채무의 변제를 간접적으로 강제하는 동시에, 변제가 없는 때에는 그 질물로부터 우선적으로 변제를 받습니다) 의 목적이 되어 있거나, 전세권이 타인의 저당권의 목적이 되어 있는 경우와 같습니다.

따라서 민법은 '채권과 채무가 동일한 주체에 귀속하는 때에는 채권은 소멸한다. 그러나 그 채권이 제3자의 권리의 목적인 때에는 그러하지 아니하다.' 고 규정하고 있습니다. 말하자면 지시채권·무기명채권·사채권 등과 같이 증권화한 채권은 독립한 유가물로서 거래되는 까닭에 혼동에 의하여 소멸하지 않습니다.

(2) 물권의 혼동

예컨대 저당권자가 저당부동산(토지 및 건물)의 소유권을 취득하거나 지상권자가 소유권자를 재산 상속하는 경우 등에 그 저당권이나 지상권은 혼동으로 인하여 소멸하도록 되어 있습니다. 그러나 혼동으로 인한 제한물권의 소멸을 인정하는 것이 소유권자나 제3자의 법률상의 이익을 부당하게 해치게 될 경우에 제한물권은 소멸하는 것은 부당합니다. 이와 관련하여 민법은 그 제한물권이 제3자의 권리의 목적인 때에는 소멸하지 않는다는 예외 규정을 두고 있습니다. 이러한 예외 규정은 두 가지로 나눌 수 있습니다.

① 그 물건이 제3자의 권리의 목적인 때

예컨대 갑 소유의 토지에 을이 순위 1번으로 저당권을 가지고 있고, 병이 순위 2번의 저당권을 가지고 있는 경우에 을이 갑의 소유권을 취득하여도 을의 순위 1번의 저당권은 소멸하지 않습니다. 왜냐하면 만약 을의 저당권이 소멸하면 그 부동산이 병에 의하여 경매되는 경우에 병이 순위 1번 저당권자로 격상되어 우선 변제를 받게 되어 병보다 선순위저당권자이었던 을이 우선변제를 받을 수 없기 때문입니다.

② 혼동한 제한물권이 제3자의 권리의 목적인 때

예컨대 갑 소유의 토지 위에 지상권을 가지고 있는 을이 갑 소유권을 취득하여도 그 지상권이 병의 저당권의 목적인 경우에는 을의 지상권은 소멸하시 않습니다. 만약 소멸한다면 그 지상권에 기한 병의 저당권이 소멸하여 병은 부당한 불이익을 받게 되기 때문입니다. 그러나 제한권자를 존속시킬 아무런 이익이 없는 경우 예컨대 위의 (1)에서 을이 순위 2번 저당권일 경우와 (2)에서 병도 갑 토지에 대하여 을의 지상권에 우선하는 저당권을 가지는 경우에는 소멸합니다.

③ 제한물권과 그 제한물권을 목적으로 하는 다른 권리와의 혼동

제한물권과 그 제한물권을 목적으로 하는 다른 권리가 동일인에게 귀속되는 경우에는 그 다른 권리는 소멸하는 것이 원칙입니다. 예컨대 지상권 위에 저당권을 가지는 자가 그 지상권을 취득하거나 지상권 위에 질 권을 가지는 자가 저당권을 상속하는 경우에는 저당권이나 질 권은 혼동으로 인하여 소멸합니다. 혼동은 병존시켜 놓을 필요나 그 이유가 없는 두 개의 법률상의 지위가 동일인에게 귀속하는 것이며, 주로 채권의 소멸원인으로서 의미가 있습니다.

채권과 채무가 상속이나 회사 합병 등에 의하여 동일인에게 귀속되었을 경우에는 그 채권은 소멸합니다. 그러나 그 채권이 제3자의 권리의 목적으로 되어 있을 때에는 예외이다. 또한 어음·수표에 있어서는 당사자의 개념이 매우 형식화되어 있으므로 혼동의 법리는 전혀 성립되지 않습니다.

제13장. 민사소송 답변서 최신서식

■ 답변서 – 물품대금 청구에 대응하여 원고가 갑자기 공급을 중단하여 수금할 수 없어 시간을 달라는 답변서

답 변 서

재판장확인
. . .   .

사건번호 : ○○○○가단○○○○호   물품대금

원   고 : ○   ○   ○

피   고 : ○   ○   ○

부본영수
. . .   .

○○○○ 년 ○○ 월 ○○ 일

위 피고 : ○ ○ ○   (인)

수원지방법원 민사2단독 귀중

답 변 서

사건번호 : ○○○○가단○○○○호 물품대금

원　고 : ○　　○　　　○

피　고 : ○　　○　　　○

위 사건에 관하여 피고는 다음과 같이 답변합니다.

- 다 음 -

청구취지에 대한 답변

1. 원고의 청구를 기각한다.
2. 소송비용은 원고의 부담으로 한다.

라는 판결을 구합니다.

청구원인에 대한 답변

1. 이 사건 물품거래

　　○ 원고는 원래 주식회사 ○○○○를 운영하던 대리점 점주들이 출자하여 주식
　　　회사 ○○○○(이하 "원고"라고 줄여 쓰겠습니다)를 설립해 운영하고 있을 무
　　　렵 피고로서도 많은 대리점 점주들 중에서 친분이 아주 두텁고 친형제 이상

으로 가깝게 지내던 점주분의 간곡한 요청에 의하여 ○○○○. ○○. ○○. 원고와 피고가 ○○대리점계약을 체결하고 운영하게 되었던 것입니다.

2. 물품거래의 형태

○ 피고는 원고로부터 ○○를 공급받아 대리점으로서의 거래처나 식자재취급업체 등으로 공급하고 여기서 얻는 마진장사를 하는 영세업체에 불과합니다.

○ 원고와 피고가 ○○를 공급받기 위해서는 어떠한 주문서도 없이 피고가 예상 하는 ○○의 양을 파악하여 주로 전화로 원고 회사의 여직원에게 주문하고 피고가 원고로부터 ○○를 인도받고 인수증을 교부해 왔으며 이에 대한 물품 대금은 ○○일간의 유예기간 동안 ○○를 공급받아 피고의 거래처로 공급 또 는 판매하고 외상대금을 수금한 돈으로 물품대금을 지급하는 식으로 거래를 해왔습니다.

3. 원고의 공급중단

○ 원고가 피고의 주문에 의하여 ○○를 공급하고 그 대금의 결제는 피고의 거 래처로부터 수금한 돈으로 ○○일 이후에 지급하기로 하였던 것인데 피고가 이에 대한 약속을 어기거나 위약한 사실조차 없음에도 불구하고 원고는 아 무런 이유 없이 어느 날 갑자기 ○○의 공급을 중단하는 바람에 피고로서는 각 거래처에 ○○를 공급하지 못하면서 미수금을 달라고 할 수 없어서 각 거래처로부터 무려 ○○,○○○,○○○원 상당의 미수금을 받지 못하는 등 피해가 이만저만이 아닙니다.

4. 원고의 억지주장에 대한 반박

○ 원고와 피고는 원고가 피고에게 ○○를 공급하고 1개월 단위로 물품대금을 지급하고 있었는데 원고가 일방적으로 ○○공급을 중단하는 바람에 피고로서는 각 거래처로부터 외상대금자체를 받지 못하고 있는데 원고만 피고에게 물품대금을 청구하는 것은 잘못되어도 너무나 잘못되어 부당합니다.

○ 원고가 갑자기 ○○공급을 중단하여 피고는 각 거래처로부터 무려 25,000,000원 상당의 외상미수금을 받지 못하는 등 그 피해가 막심한데 원고가 물품대금을 청구하는 것은 정말 부당합니다.

○ 지금까지 피고와 좋은 유대관계를 가지고 거래하였다면 최소한의 상도리와 상호간의 예의라는 것이 있는데 원고가 피고에게 공급을 중단하겠다는 정리기간도 유예기간도 주지 않고 일방적으로 ○○공급을 끊어놓고 앞서 가져간 ○○대금만 내놓으라는 것은 피고보고 죽으라는 것이나 다름이 없기 때문에 부당합니다.

○ 원고가 약속을 지키지 않았던 것이지 피고는 ○○○○. ○○.○○.까지 총 ○○회에 걸쳐 단 한 번도 연체 없이 꼬박꼬박 물품대금을 지급하고 있었기 때문에 원고의 ○○공급중단은 한마디로 일방적이라 부당합니다.

○ 원고는 ○○공급을 중단하기 전 최소한 피고에게 중단사실을 알리고 통보하고 피고로 하여금 ○○로 인한 외상대금을 회수해 원고에게 물품대금을 지급할 수 있도록 기회를 주지도 않고 아무런 잘못도 없는 피고에게 일방적으로 ○○공급을 중단한 채 피고로 하여금 각 거래처로부터 외상대금조차 받을 수 없도록 해놓고 원고의 ○○대금만 달라는 것은 원고의 주장은 한마디로 잘못된 것

이라 부당합니다.

5. 결론

원고는 최소한의 유예기간도 없이 ○○공급을 중단하는 바람에 피고에게 외상대금을 회수하지 못하게 방해한 잘못 또한 매우 큽니다.

피고로서는 원고로부터 ○○를 공급받아 각 거래처에 공급해 오다가 갑자기 ○○공급을 중단한 입장에서 어찌 외상대금을 회수할 수가 있겠습니까. 그래서 원고의 주장은 더 나아가 살펴볼 필요도 없이 부당하다는 것입니다.

원고 때문에 피고는 고스란히 손해를 보고 눈앞이 캄캄하고 수습을 못하고 발만 동동거리고 있는데 원고는 이를 아랑곳하지 않고 이 사건 물품대금을 청구한다는 것은 무엇인가 크게 잘못된 것은 분명합니다.

피고가 능력이 있었으면 ○○장사를 했겠습니까. 피고는 원고의 ○○공급중단으로 인하여 망하는 바람에 매우 어렵습니다. 고스란히 손해를 보는 바람에 원고에게 지급할 능력이 되지 못합니다.

피고가 거래처로부터 받을 외상대금은 없고 원고에게 물품대금을 지급하지 않았다면 몰라도 원고 때문에 각 거래처로부터 외상대금을 못 받고 있는 미수금만 해도 ○○,○○○,○○○원이 넘습니다.

피고는 재판장님께 호소합니다. 피고의 형편이나 위와 같은 사정을 고려하시어 의견을 모아 주시고 적정한 중간선에서 이 사건을 마무리했으면 좋겠습니다. 피고는 장사해서 벌어놓은 돈도 없습니다. 이유가 안 될지 될지는 몰라도 피고는 심각합니다. 원고가 조금만 배려하고 영세업자인 피고의 입장을 이해하고 시간만

췄더라면 이렇게 큰 피해는 없었을 것으로 생각하면 원고를 소개한 지인을 원망하고도 싶지만 누구를 탓하면 뭘 하겠습니까.

아무쪼록 재판장님께서 피고의 입장에 서서 조금만 헤아려 주시고 좋은 의견을 모아 주셨으면 합니다.

소명자료 및 첨부서류

1. 을 제1호증   미수금내역서

○○○○ 년 ○○ 월 ○○ 일

위 피고 : ○   ○   ○   (인)

수원지방법원 민사2단독 귀중

답 변 서

<table>
<tr><td>재판장확인</td></tr>
<tr><td>. . .
. . . .
.</td></tr>
</table>

사건번호 : ○○○○가단○○○○호 채무부존재확인

원   고 : ○   ○   ○

피   고 : ○   ○   ○

<table>
<tr><td>부본영수</td></tr>
<tr><td>. . .
. . . .
.</td></tr>
</table>

○○○○ 년 ○○ 월 ○○ 일

위 피고 : ○   ○   ○   (인)

천안지원 민사1단독 귀중

답 변 서

사건번호 : ○○○○가단○○○○호 채무부존재확인

원 고 : ○   ○   ○

피 고 : ○   ○   ○

위 사건에 관하여 피고는 다음과 같이 답변합니다.

- 다 음 -

청구취지에 대한 답변

1. 원고의 청구를 기각한다.
2. 소송비용은 원고의 부담으로 한다.
라는 판결을 구합니다.

청구원인에 대한 답변

이 사건의 경위에 관하여는 추후 반소장을 제출하면서 자세히 설명하겠지만 아래에서
는 본소에 관한 사항을 중심으로 답변하도록 하겠습니다.

1. 보험계약의 체결

　　○○○○. ○○. ○○. 피고는 노후 건강의 보장책으로 건강보험에 들기로 하고
　　원고회사의 보험설계사를 통하여 차후에 질병이 생기면 치료자금과 연금 등을
　　보장한다는 설명을 듣고'○○건강보험 부부형'이라는 보험상품에 관하여 보험계

약(다음부터‘이 사건 보험계약’이라고 줄여 쓰겠습니다)을 체결하였습니다.

2. 약관을 교부하거나 계약내용을 설명하였는지 여부

피고는 당시 이 사건 보험계약의 보험금 지급요건이 되는 보험사고에 관하여 원고회사의 보험설계사로부터 이 사건 보험계약의 안내장(다음부터‘이 사건 안내장’이라만 하겠습니다)을 교부받아 그 보험사고범위를 확인하였습니다.

그런데 이 사건 안내장은 이 사건 보험이 우리나라 국민의 다수의 사망원인을 차지하는 암이나 순환기계 질환에 대비한 전문적인 건강보험으로서 일반보장 이외에‘특정질병보장’이라는 별도의 보험상품을 포함한 것에 그 특징이 있다고 설명하면서 위 특정질병으로‘암, 허혈성심질환, 뇌혈관질환’을 거시하고 있어서 일반적으로 노년기에 많이 문제되는 질병에 대한 대비차원에서 이 사건 보험계약을 체결하였습니다.

한편, 이 사건 안내장에는 위에 거시된 질병에 포함되는 질병 가운데 일부가 제외된다는 점에 관하여는 아무런 설명을 하지 않고 있으며, 원고회사주장의 약관(협심증 등을 제외하는 내용)에 관하여 피고는 그 약관을 교부받거나 당시 이에 관하여 설명을 들은 사실이 없습니다.

따라서 약관규정에 따라 이 사건 보험계약의 내용을 주장하는 원고회사의 주장은 부당하다고 할 것입니다.

3. 보험사고의 발생 및 보험회사 측의 조치

가. 피고는 위와 같이 이 사건 보험에 가입하여 보험료를 납입하여 오던 중, ○○ ○○. ○○. ○○. 가슴에 심한 통증을 느껴 ○○의료원에 입원하여 치료를 받게 되었는데, 당시 병명은 급성 인두염과 C형 간염으로 진단되어 치료를 받았습니다만 병세가 호전되지 않던 중, ○○○○. ○○. ○○. 위

같은 병원에서 급성 결핵성 심낭염 및 협심증으로 재진단 받아 입원 및 통원치료를 받게 되었습니다.

나. 피고는 결핵성 심낭염 및 협심증이 발병하여 병원치료를 받게 되자 당시 치료가 일단락 될 즈음인 ○○○○. ○○. 중순경에 원고회사에 이 사실을 신고하고 보험금의 지급을 청구하였습니다.

당시 위 발병에 관하여 보험금지급여부를 조사하기 위하여 원고회사의 ○○본사 심사부에서 일하는 소외 ○○○라는 보험조사원이 ○○에서 ○○○로 내려와서 피고의 이전 병력 및 위 발병에 관한 사항을 병원과 피고 등을 상대로 조사한 사실이 있습니다.

당시 위 보험조사원은 피고에게'이 병은 보험금지급대상이 되는 특정질병에 해당하므로 앞으로 보험금이 지급될 것이며, 이후의 보험료도 납입면제 될 것이다'라고 말하였고 위와 같이 말한 사실은 소외 ○○○가 ○○○○. ○○. ○○.에 금융감독원의 분쟁조정과정에 출석하여 인정한 것이기도 합니다.

다. 그에 따라, 피고는 원고회사로부터 보험금이 지급되기를 기다리고 있던 중, ○○○○. ○○. ○○.에 먼저 이 사건 보험계약과는 별도의 입원특약계약에 의한 보험금 ○○○,○○○원을 우선하여 지급 받게 되었습니다.

이 당시까지도 원고회사는 특정질병보장에 관한 이 사건 보험계약에 의한 보험금의 지급에 관하여는 별다른 얘기를 해주지 않았기 때문에 피고로서는 보험금지급결정이 절차상 늦어지는 것으로 생각하고 그 결정과 지급을 기다리고 있었습니다.

4. 원고의 실효처리

가. 그런데, ○○○○. ○○.경 원고회사로부터 보험금 지급에 관한 연락이 없어 본
사로 연락을 하여보았더니 피고에게 발생한 질병은 보험대상 질병에 해당
하지 아니하고 또한 이 사건 보험계약은 보험료의 2회 미납을 이유로 하여
○○○. ○○. ○○.자로 실효 되었으므로 해지환급금을 수령하여 가라는 답
변을 하였습니다.

피고는 당시 ○○○○. ○○. ○○.까지의 보험료를 납부한 상태였고, 발병
이후 보험조사원 소외 ○○○의 말을 믿고 보험금의 지급을 기다리고 있었
으며 원고회사에서 보험금지급이 결정되어 그 중 입원특약보험금이 우선
지급된 것으로 생각하여 이후의 보험료가 면제되는 것으로 알고 보험료를
납부하지 않았던 것입니다.

원고회사로부터는 피고에게 발병한 질병이 보험사고에 해당하지 아니한다는
설명이 없었고, 또한 보험료를 미납하고 있으니 보험료를 납부하라는 최고
나, 납부하지 않으면 실효 된다는 통지 역시 없는 상태에서 일방적으로 실효
되었다는 답변만을 하여준 것입니다. 피고로서는 원고회사 측의 약관규정상
보험대상이 되지 않는다는 말을 당시로서는 믿을 수밖에 없었습니다.

다만, 피고는 보험료를 계속하여 납부할 것이니 이 사건 보험계약을 부활시
켜 달라고 하였으나 원고회사측은 이 사건 보험계약은 이미 실효 되었으니
보험료를 내더라도 부활은 아니 된다고 하였으며, 일정한 기간이 지나면 해
약환급금도 받아 갈 수 없으니 회사에서 정해진 절차에 따라 환급금을 수
령하여 가라고 하여 피고로서는 할 수 없이 해약환급금을 수령하였습니다.

나. 약관상 실효규정의 유효성

이에 관하여는 이후 반소장에서 자세히 밝히겠습니다만 원고회사 측의 이 사건 보험계약에 대한 실효처리는 위 회사 약관규정에 의한 것으로 이는 계약내용에 포함되지 않을 뿐만 아니라 위 약관규정 자체가 상법규정에 위배되어 무효이므로 미납보험료에 대한 납부최고 및 해지절차를 거치지 않은 실효처분은 무효라고 할 것이어서 아직까지도 보험계약은 유효하게 존속되고 있다고 하여야 할 것입니다.

5. 보험금의 지급청구

피고는 위 원고회사 측의 설명만 믿고 피고의 발병이 보험금 지급대상이 아니고 계약은 적법하게 실효 된 것으로만 생각하면서 지내던 중, ○○○○. ○○. ○○. 에 라디오에서"계약자에 불리하게 작성된 약관은 효력이 없다"라는 뉴스를 듣고 혹시라도 보험금을 받을 수 있지 않을까 하는 생각에 여기저기 알아보고 난 뒤 원고회사 측에 보험금의 지급을 청구하였으나 원고회사측은 이 사건 보험계약 당시의 약관에 의하여 보험금을 지급할 수 없다는 말만 되풀이하였습니다.

6. 원고회사의 소제기

피고는 이와 같은 원고회사 측의 보험금 미지급과 보험계약실효처분이 부당하다고 느껴졌기에 계속하여 원고회사 측에 보험금의 지급을 요구하였는바, 원고회사는 오히려 ○○○○. ○○.경 귀원에 피고에 대하여 아무런 책임이 없다는 취지로 채무부존재확인소송을 제기하여 지금에 이르게 된 것입니다.

7. 결론

그렇다면 원고회사 측 약관이 이 사건 보험계약의 내용이 됨을 전제로 한 원고회사의 주장은 부당하며 실효처리 또한 무효이기 때문에 이 사건 보험계약이 여전히 유효함을 전제로 하여 원, 피고간의 법률관계를 정리하여야 할 것입니다.

피고는 이에 관한 반소장을 곧 제출하도록 하겠습니다.

○○○○ 년 ○○ 월 ○○ 일

위 피고 : ○   ○   ○   (인)

천안지원 민사1단독 귀중

답 변 서

재판장확인
. . .
. . . .
.

사건번호 : ○○○○가단○○○○호   공사대금청구

원 고 : ○   ○   ○

피 고 : ○   ○   ○

부본영수
. . .
. . . .
.

○○○○ 년 ○○ 월 ○○ 일

위 피고 : ○   ○   ○   (인)

정읍지원 민사2단독 귀중

답 변 서

사건번호 : ○○○○가단○○○○호 공사대금청구

원   고 : ○   ○   ○

피   고 : ○   ○   ○

위 사건에 관하여 피고는 다음과 같이 답변합니다.

- 다 음 -

청구취지에 대한 답변

1. 원고의 청구를 기각한다.
2. 소송비용은 원고의 부담으로 한다.
라는 판결을 구합니다.

청구원인에 대한 답변

1. 원고의 주장에 대한 반박

　　원고는 공사도급계약서에 기재된 공사기간인 ○○○○. ○○. ○○.부터 ○○○○. ○○. ○○.까지 소방설비공사를 완료하였으나, 건축설계 상 추가공사가 발생하여 다시 발주하여 견적서를 발행하고 추가공사까지 완료하였다고 주장하나, 이는 전혀 사실과 다릅니다.

원고로 인하여 이 사건 공사현장은 건축물사용승인을 공사가 완료되었음에도 받지 못하고 있다가 ○○○○. ○○. ○○.에 받았던 것입니다.

이로 인하여 피고는 건축주로부터 공사대금을 현재에 이르기까지 받지 못하고 있어 건축주를 상대로 공사대금 청구의 소송을 진행 중에 있습니다.

2. 원고와의 계약과정

피고는 인테리어공사를 하는 공사업자이고, 원고는 소방설비공사를 하는 업체입니다.

피고는 ○○○○. ○○. ○○. 건축주 소외 ○○○과 전라북도 정읍시 ○○로 ○○길 ○○, 소재의 ○○빌딩에 대한 리모델링공사 도급계약을 체결하고 최초공사기간을 ○○○○. ○○. ○○.부터 ○○○○. ○○. ○○.까지로 하였으나, ○○○○. ○○. ○○. 추가공사에 대한 협의가 있어 그 협의에 의하여 공사기간을 ○○○○. ○○. ○○.까지로 하는 이 사건 인테리어공사를 진행한바 있습니다.(을 제1호증 소방설비공사도급계약서 참조)

피고는 원고에게 ○○○○. ○○. ○○. 소방설비도면을 주면서 견적을 받았고, 소방필증에 필요한 면허 보유에 대하여 구두 상으로 확인을 한바 있습니다.

즉, 원고는 피고에게 "기계소방면허"와 "전기소방면허" 두 가지를 보유하고 있다고 기망하고 이 사건 공사를 수주한 곳입니다.

그러나 원고는 "전기소방면허"는 보유하지 않았습니다.

피고는 원고가 전기소방면허를 보유하지 않다는 사실을 ○○○○. ○○. ○○.이 넘어서야 알게 되었습니다.(을 제2호증 소방필증 참조)

특히 원고는 소방설비공사에 대하여 착공계를 접수한 이후에 공사를 진행하여야 함에도 원고는"착고예 없이 공사를 먼저 진행해도 상관없다, 나중에라도 선공사를 한 것에 대하여 소급하여 처리를 해 줄 수 있다"라고 공사를 진행하였습니다.

3. 원고의 계약불이행 등

이 사건 공사현장이 사용승인을 받기 위하여 반드시 소방필증이 있어야 하는데, 원고의 선공사로 인하여 착공계를 접수하지 못하여 준공필증을 받을 수가 없었던 것이 사실입니다.

그로부터 한참이 지난 이후 ○○○○. ○○. ○○.에 원고는 소방서에 소방설치 신고서를 가지고 들어갔으나, 해당 소방서에서는 접수자체를 받아주지 않았습니다.

피고가 이에 대하여 원고에게 강력히 항의하자"기계소방면허"민 가지고 있는 원고는 소급처리하기 위하여"징계를 먹더라도 해결하겠다."고 하였으나 원고가 대여를 부탁한"전기소방면허"를 가진 업체(○○소방설비)에서는"징계를 먹게 되면 면허 업무정지가 되니 징계를 받을 수 없다, 전기소방면허를 빼겠다."하여 원고는 "전기소방면허"를 가진 업체를 수소문했으나 구하지 못하고 상당한 기일이 자났던 것입니다.

원고는 ○○○○. ○○. ○○. 착공수리 후 착공처리가 완료되었고, 소방필증은 ○

○○○. ○○. ○○.에 준공필증은 ○○○○. ○○. ○○.에 받게 되었습니다.

원고는 피고에게 소방면허(기계, 전기)를 분명히 보유하고 있다고 거짓말을 하였으나 원고는 소방감리자(기계)만 갖추고, 소방시공자(전기)를 갖추지 않은 무면허 시공을 하게 된 것입니다.

이로 인하여 원고가 착공계 및 준공계를 접수하고 서류 미비 등의 이유로 계속해서 보완을 하다 보니 한 달 이상의 시일이 더 지난 ○○○○. ○○. ○○.에 소방필증을 받게 되었습니다.

피고는 준공이 늦어졌다는 이유로 건축주인 소외 ○○○로부터 지체상금 문제로 현재에 이르기까지 인테리어공사대금 300,000,000원을 지급받지 못하고 있습니다.

4. 결론

원고의 소방필증 미 발급으로 인하여 준공필증이 늦어짐으로서 피고는 건축주로부터 지체상금 문제로 공사대금을 지급받지 못하고 있습니다.

원고가 피고에게 공사대금을 청구하는 것이 아닌 오히려 피고가 원고에게 손해배상을 청구해야 할 입장입니다.

따라서 원고는 청구는 이유 없는 것이므로 기각을 면치 못할 것입니다.

소명자료 및 첨부서류

1. 을 제1호증   소방설비공사도급계약서

1. 을 제2호증   소방필증

○○○○ 년 ○○ 월 ○○ 일

위 피고 : ○ ○ ○ (인)

정읍지원 민사2단독 귀중

답 변 서

재판장확인
· · ·   ·············   ·

사건번호 : ○○○○가단○○○○호   대여금

원　　고 : ○　　　○　　　○

피　　고 : ○　　　○　　　○

부본영수
· · ·   ·············   ·

○○○○ 년 ○○ 월 ○○ 일

위 피고 : ○ ○ ○   (인)

서산지원 민사1단독 귀중

답 변 서

사건번호 : ○○○○가단○○○○호   대여금

원 고 : ○   ○   ○

피 고 : ○   ○   ○

위 사건에 관하여 피고는 다음과 같이 답변합니다.

- 다 음 -

청구취지에 대한 답변

1. 원고의 청구를 기각한다.
2. 소송비용은 원고의 부담으로 한다.
라는 판결을 구합니다.

청구원인에 대한 답변

1. 다툼이 없는 사실

   피고가 ○○○○. ○○. ○○. 원고로부터 금 75,000,000원을 변제기를 ○○○○.
   ○○. ○○.로 정하여 차용한 사실은 인정합니다.

2. 원고의 일부채무 면제와 피고의 나머지 채무 면제
   그러나 피고는 원고와 변제기 후인 ○○○○. ○○. ○○. 변제할 금액을
   80,000,000원으로 정하고 이중 금 75,000,000원을 지급하고 나머지 5,000,000원은

면제해 주기로 하는 합의를 하고(을 제1호증 합의서), ○○○○. ○○. ○○. 위 금액 중, 금 75,000,000원을 전액 변제하였으므로(을 제2호증 영수증), 피고의 원고에 대한 이 사건 차용금반환 채무는 모두 소멸하였습니다.

3. 결론

그러므로 원고의 피고에 대한 이 사건 청구를 기각하여 주시기 바랍니다.

소명자료 및 첨부서류

1. 을 제1호증   합의서
1. 을 제2호증   영수증

○○○○ 년 ○○ 월 ○○ 일

위 피고 : ○ ○ ○   (인)

서산지원 민사1단독 귀중

답 변 서

재판장확인
· · · ············ ·

사건번호 : ○○○○가소○○○○호 부당이득금반환

원 고 : ○   ○   ○

피 고 : ○   ○   ○

부본영수
· · · ············ ·

○○○○ 년 ○○ 월 ○○ 일

위 피고 : ○ ○ ○   (인)

원주지원 민사3단독 귀중

답 변 서

사건번호 : ○○○○가소○○○○호 부당이득금반환

원   고 : ○   ○   ○

피   고 : ○   ○   ○

위 사건에 관하여 피고는 다음과 같이 답변합니다.

- 다 음 -

청구취지에 대한 답변

1. 원고의 청구를 기각한다.
2. 소송비용은 원고의 부담으로 한다.
라는 판결을 구합니다.

청구원인에 대한 답변

1. 이 사건 계약의 실체

   피고는 주식회사 ○○○○(이하"○○○○"라고 줄여 쓰겠습니다)에 대표이사로 주
   식회사 ○○○(이하"○○○"라고만 하겠습니다)의 ○○사업본부의 이사로 각 재직
   한 사실이 있습니다.
   피고는 국내 최대 ○○제조회사인 ○○○에 대한 ○○○업무를 진행하던 중 ○○
   ○의 대표이사의 강력한 요청에 따라 2년간 일하면서 소외 ○○○(이하"원고 측"으
   로만 합니다)이 거론한 국내최초의 연결형 체중계 ○○○○의 특허권자로서 50%

의 특허권 공유로 1억 5,000만원을 받고 ○○○를 개발 판매하던 실무자였습니다. 피고는 그 무렵 ○○○에 2년 계약으로 종사하던 중 ○○○에서 생산하던 제품 (앞으로는 "○○"라고 하겠습니다)을 원고에게 납품하는 과정에서 원고 측을 알게 되었습니다.

원고 주장과는 달리 ○○○퇴사 후 ○○○○가 개발해서 ○○○와 공동 판매하고 자 했던 ○○○○에 대해서 원고 측이 ○○의 가능성을 보고, 신장, 체중, 체지방 계인 ○○○○는 자신과 같이 개발하여 시판하자는 간곡한 부탁으로 다이어트 및 건강관련 사업을 하고 있던 원고와 같이 계약을 체결한 것입니다.

당시 원고 측은 생산원가 기준으로 20%(○○○는 5%)의 금액을 로열티로 지급하 고 판매 이익금을 50:50 으로 주겠다고 제시하는 등 피고에게 유리한 조건을 내세 웠지만 마다 못해 계약을 하게 되었습니다.

2. 피고의 무지

피고는 당시 원고 주식회사 ○○○○의 청산인 원고 측과 그의 여동생인 전 대표 이사 소외 ○○○ 두 사람이 ○○○○년부터 건강, 다이어트 관련해서 광고 등으 로 사회적으로 물의를 일으키며 사업을 전개하고 수사의뢰 등을 받은 회사인줄은 꿈에서도 몰랐습니다.

3. 원고의 착각

피고로서는 당시 원고 측과 상호 신뢰와 협력의 상징적 의미로서 주식회사 ○○ ○○의 지분 20%를 투자 금으로 해서 양도하기로 주식양도에 따른 약정을 하고, 주식양도증서를 교부한 사실은 있으나 원고는 당시의 계약서를 확인하지 못하고, 어리석게도 마치 투자금의 입금 즉시 주식을 양도해야 했던 것처럼 착각하고 있 습니다.

주장과는 달리, 원고 및 피고 간의 계약서"제9조. 지분 공여의 관한 내용 가항에 의하면 주식회사 ○○○○ 대표이사는 상호 신의와 협력의 상징적 의미로서 주식회사 ○○○○의 지분 20%를 원고 주식회사 ○○○○가 지정한 자 또는 법인에 주식을 양도한다. 단, <u>양도시기는 개발지원금의 납입이 80% 이상 입금 완료된 시점 이후로 한다.</u>"고 기재되어 있습니다.

4. 원고의 과실로 무산

피고로서는 원고의 위 계약이행을 하고 예정대로 투자가 80% 이상인 4,800만 원 이상이 투자되었다면 원고의 주장대로 2,000만원의 주식을 양도해야 할 의무가 있었습니다.

그러나 계약상 매달 1,000만원씩 4회, 4,000만원(부가기치세 별도)을 투자하기로 하였음에도 불구하고 단 두 번 500만원씩, 그것도 부가세 포함으로 겨우 투자하고 원고의 사정으로 투자가 중단되는 바람에 사실상 개발자체가 무산된 것입니다.

반대로 피고가 원고에게 계약과 관련한 소송을 제기하여야 하지만 피고 측에서는 능력이 없었던 원고를 상대로 소송을 제기하지 않았던 것입니다.(계약내용 일부 캡처 참조)

5. 원고의 허위날조 된 주장

이 사건 계약 전반에 걸쳐 원고 스스로 이행하지 않는 등 위약으로 계약자체가 무산된 상태에서 마치 피고가 개발자금 얼마를 어떻게 투입하겠다는 자금계획조차 단 한 차례 제시한 사실이 없음에도 불구하고 주객이 전도되는 허위주장을 하고 있습니다. 이에 더하여 피고는 원고가 투자 전부터 개발자금계획을 알려달라고 해서 관련 증거 자료를 작성해 제공했으며, 개발 소요기간 및 일정 등을 매월 주단위로 개발상황에 대해 방문하여 협의하여 진행한 것만 보더라도 원고의 주장은 거짓말임이 여실히 입증되는 부분입니다.

하물며 원고가 약속한 투자를 전혀 이행하지 않는 바람에 피고 측에서는 다른 협력자와의 개발 진행조차 못하게 만들었습니다.

6. 원고의 이행불능

원고는 <u>3,000만원의 투자가 보류되자 연락을 회피하고, 주식양도에 관한 약속 또한 이행하지 않았다며, 만나서 일을 논의하자고 하였으나, "다 끝난 일인데 뭐하러 만나냐"며 안면몰수로 일관하였다고 주장</u>하고 있으나, 이는 증거사진 등으로 보나 여러 정황으로 볼 때 너무 모순된 주장이라 새빨간 거짓입니다.

원고는 피고를 원고회사 인근 식당, 술집에서 수시로 만났지만 주식 양도관련해서는 한번 도 거론한 적이 없고, 계약상으로도 말할 수도 없는 입장이었습니다.

원고와 피고는 계약 후 투자가 이루어지지 않자 안면몰수로 일관했다는 원고 주장과는 달리 피고는 어려워진 원고회사를 도왔습니다.

위와 같이 원고의 주장은 도저히 앞뒤가 맞지 않습니다.

7. 원고의 억지주장

원고는 피고가 원고를 기망하여 3,000만원의 부당이득을 편취한 사실이 있다고 주장하고 있으나, 오히려 진실은 사회적 물의를 벌이다 이제는 망하게 되자 그 당시 계약업무 등을 주도하던 원고 측 청산인 ○○○과 전 대표이사 원고 측의 여동생 ○○○ 남매의 말을 믿고 좋은 기술과 비싼 내부 인력 및 시간을 투입해서 사업을 전개하다 원고 측의 투자 지연 등으로 ○○○○ 양산 출시가 좌초되는 상황이었지만, 그래도 피고는 그 신의를 저버리지 않고, 끝까지 원고 회사가 재기할 수 있도록 다각도로 지원하고 노력해 온 상황에서 이러한 주장은 정말 억울합니다.

8. 결론

　　피고는 원고에게 부당이득금을 반환할 금액도 없고 지급할 의무도 없습니다.

　　원고의 청구는 투자금 지급약정을 위반하여 투자 금을 이행하지 않아 이미 무산 된 것으로 아무런 청구권이 없습니다.

　　이에 원고의 청구는 이유 없으므로 귀원께서 기각하여 주시기 바랍니다.

소명자료 및 첨부서류

1. 을 제1호증　　　　　　　증거자료제목

　　　　　　　　　○○○○ 년 ○○ 월 ○○ 일

　　　　　　　　　　　　　　　위 피고 : ○　○　○　　(인)

원주지원 민사3단독 귀중

답 변 서

재판장확인
·························
·····

사건번호 : ○○○○가단○○○○호   계약금반환

원 고 : ○   ○   ○

피 고 : ○   ○   ○

부본영수
·························
·····

안양지원 민사 제○단독 귀중

답 변 서

사건번호 : ○○○○가단○○○○호   계약금반환

원   고 : ○   ○   ○

피   고 : ○   ○   ○

위 사건에 관하여 피고는 다음과 같이 답변합니다.

- 다 음 -

청구취지에 대한 답변

1. 원고의 청구를 기각한다.
2. 소송비용은 원고의 부담으로 한다.
라는 판결을 구합니다.

청구원인에 대한 답변

1. 원고와 피고의 '○○○'에 대한 매매계약체결

　　가. ○○○○. ○○. ○○. 원고의 남편인 소외 ○○○(실질적인 계약당사자)는 피고가 임차하여 운영하는 안양시 동안구 ○○○로길 1층'○○○'(피고는 상가건물 1층 일부를 임차하여 점유하고 있고, 이 중 일부는 임대인 ○○○의 소유이며, 이에 대한 임대보증금이 1억 600만원이고, 나머지 1개 호실은 임대보증금이 3,000만원이며, 또한 피고가 창고용도로 사용하는 금성프라자에 부

속한 건물에 대한 임대보증금이 1,000만원으로 피고의 임대보증금은 총 1억 4,600만원입니다)을 찾아왔습니다. 이때 ○○○는 소외 ○○○(○○○의 매형) 및 ○○○이 함께 동행 하였고, 피고에게 경기도 과천시 소재 토지와 피고가 운영하는 ○○○의 영업권을 교환하자는 제안을 하였습니다.

나. 당시 피고는 ○○○의 유혹에 이끌려 교환계약서에 날인을 하였으나, ○○○이 교환대상으로 제시하였던 과천시 소재 원고 소유토지는 그 가치가 현저하게 떨어지는 것이어서 피고는 곧바로 이 계약을 해제하고자 하였습니다. 그러자, 소외 ○○○은 "계약을 해제하려면, 위약금을 지급하라"고 하는 것입니다.

다. 이에 피고는 위 계약체결 시 동석하였던 소외 ○○○을 내세워 계약체결 후 계약당사자인 피고와 ○○○ 및 함께 동석하였던 소외 ○○○을 다시 만났는데, 이때 ○○○은 피고에게 "계약서대로 과천땅과 ○○○을 교환해 주던지, 아니면 ○○○을 ○억 원에 팔아라"고 하는 것입니다.

라. 피고가 소외 ○○○의 제안에 응하지 않던 중, ○○○○. ○○. ○○. ○○○는 "다른 땅을 팔아서 돈이 생겼으니 ○○○을 ○억 ○○○○만원에 파는 걸로 정식계약하자"고 다시 제안을 하였고, 피고는 원고의 과천 땅과 교환하는 것보다는 차라리 현금을 받고 매매하는 것이 좋을 것으로 판단하고 위 4명이 함께 있는 자리에서 당일 ○○○에 대한 영업권 매매계약서를 작성하였습니다.

2. 매매계약의 내용

가. 위 매매계약서를 작성할 때, 부동산의 표시란에 '경기도 안양시 동안구 ○○○로길 ○○○, 상가건물 101호~109호 외 1호(약 10평)'을 기재하고, '①임대보증금 약 1억 5,000만원, 월 약 700만원, ②(약)3,000만원, 월 삼십만원'으로 기

재하였습니다. 이는 피고의 총 임대보증금이 약 1억 5,000만원, 월세가 약 700만원인데, 이 중 1개 호실은 임대인이 다르고 그 호실의 임대보증금이 3,000만원, 월차임이 300,000원이라는 점을 피고가 설명하자, 이를 표시하기 위해 계약서에 그 내용을 기재한 것으로, 결국, 피고의 총 임대보증금 1억 5,000만원, 월세 약700만원에 임대인이 다른 1개 호실의 임대보증금 3,000만원과 월세 300,000원이 포함되어 있다는 취지입니다. 그러면서, 피고와 ○○○는 총 매매대금 ○억 ○○○○만원에서 임대보증금 약 1억 5,000만원을 초과하는 부분을 순수한 권리금으로 인정하기로 하였고, 잔금지급 시 정확한 임대보증금을 공제한 나머지 금액을 입금하기로 하였습니다.

나. 위와 같이 피고는 ○○○에게 총 임대보증금이 약 1억 5,000만원이고 이 임대보증금에는 임대인이 다른 1개 호실의 임대보증금 3,000만원이 포함되어 있다는 점을 확실하게 설명하였으나, ○○○가 이 부분을 오해할 소지가 있어 계약 체결일 다음날 계약서 작성 시 동석하였던 소외 ○○○에게 전화를 하여 임대보증금 1억 5,000만원과 월세 700만원에 별도의 임대보증금 3,000만원과 월세 300,000원이 포함되어 있음을 ○○○에게 다시 한 번 정확하게 알려줄 것을 부탁하였고, 소외 ○○○은 ○○○를 직접 만나 이러한 내용을 전달하였다는 것입니다.

3. 원고의 계약금 포기에 의한 계약해제

가. 이와 같이 계약이 체결된 후, 중도금 지급기일인 ○○○○. ○○. ○○. 위 4명이서 다시 안양시 동안구 ○○○로길 소재 커피숍에서 만나게 되었고, 여기서 ○○○는 "과천시 토지를 매각해서 ○○○매수대금을 지급하기로 했는데, 그 토지 매매계약이 해약이 되어 중도금을 치루지 못하게 되었다"고 하면서, "이미 지급한 계약금 5,000만원 중에서 2,000만원이라도 돌려주면, 계약은 없

었던 것으로 하겠다"고 하는 것입니다.

나. 피고는 이러한 ○○○의 요구에 응하지 않았으나, 그 후 ○○○는 피고와 소외
○○○에게 수차례 전화를 하여 계약금 중 3,000만원은 포기하겠으니, 2,000
만원은 돌려줄 것을 요구하였고, 이러한 끈질긴 ○○○의 요청에 ○○○은
"젊은 사람이 저렇게 애원하는데 일부라도 돌려주는 것이 어떠냐. 일부만 돌
려주면 다시는 ○○○을 괴롭히지 않도록 약속을 받아주겠다"고 피고를 설
득하기도 하였습니다. 이에 피고는 "나도 돈이 없으니 1,000만원을 주도록
하겠다"고 하였고, 이에 ○○○는 "너무 감사하다. 앞으로 이 문제로 더 이
상 왈가왈부 하지 않겠다"고 하였다는 것입니다.

다. 위와 같이 ○○○가 피고에 대해 '중도금을 지급할 수 없으니, 계약금 5,000만
원 중 2,000만원이라도 돌려달라.'고 한 것은, 해약금으로 수수된 계약금
5,000만원 중 3,000만원은 이를 포기하고 위 매매계약을 해제하며, 나머지
2,000만원은 과다한 손해배상액 예정으로 감액되어야 할 금액에 해당하는 금
원의 반환을 구한 것으로 볼 것입니다.(대법원 1996.10.25. 선고 95다33726)

그러나, 원고가 구하는 2,000만원의 반환청구는 이 사건 매매계약의 매매대금
및 이에 대한 계약금의 비율을 볼 때, 부당하게 많은 금액이라고 할 것입니
다.

라. 또한 소외 ○○○을 통하여 끈질기게 2,000만원을 돌려줄 것을 부탁하고, 이에
○○○이 피고를 설득하여 '원고 측에서 더 이상 피고에게 부당한 요구를 하
지 않는 조건'으로 피고가 1,000만원을 원고에게 반환하였을 때, 최소한 원고
와 피고 사이에 원고가 계약금 중 4,000만원을 포기하는 것으로 이 사건 매
매계약에 대한 합의해제를 하였다고 볼 것입니다.

4. 결 론

위와 같이 원고는 이 사건 매매계약에 대해서 계약금 포기에 의한 계약해제를 하였음이 분명하므로 원고의 본 건 청구는 이유 없다고 할 것입니다.

소명자료 및 첨부서류

1. 을 제1호증   매매계약서
1. 을 제2호증   1,000만원 영수증
1. 을 제3호증   매매계약서

○○○○ 년 ○○ 월 ○○ 일

위 피고 : ○ ○ ○ (인)

안양지원 민사 제○단독 귀중

답   변   서

재판장확인
· ·   · ············· ·

사 건 번 호 : ○○○○차○○○○호 물품대금

원고(채권자) : ○   ○   ○

피고(채무자) : ○   ○   ○

부본영수
· ·   · ············· ·

○○○○ 년 ○○ 월 ○○ 일

위 피고(채무자) : ○   ○   ○   (인)

전주지방법원 정읍지원 귀중

답 변 서

사 건 : ○○○○차○○○○호   물품대금

원고(채권자) : ○   ○   ○

피고(채무자) : ○   ○   ○

위 사건에 관하여 피고(채무자)는 다음과 같이 답변합니다.

- 다 음 -

신청취지에 대한 답변

1. 원고(채권자)의 청구를 기각한다.

2. 소송비용은 채권자의 부담으로 한다.

라는 재판을 구합니다.

신청이유에 대한 답변

1. 당사자 관계

　가. 채무자는 주소지에서 비닐하우스 농작물을 재배하고 있고, 채권자는 주소지에서 요소비료 등을 제조 생산 판매하고 있습니다.

나. 채무자는 ○○○○. ○○. ○○.경부터 ○○○○. ○○. ○○.까지 채권자가 생산하는 요소비료 등을 구입하여 사용한 사실이 있습니다.

다. 채무자는 채권자에게 위 소요비료 등을 주문하고 그 대금은 1개월가량 후에 지급하는 방식이었고 일부는 잔금으로 남겨놓은 적도 있었고 잔금의 지급은 현금으로 지급하기도 하고 사용하고 남은 요소비료로 반환하는 것으로도 변제하였습니다.

2. 채권자의 억지주장

가. 채무자는 ○○○○. ○○. ○○.위 비닐하우스에서 버섯을 재배하다가 판로가 빈약하고 인건비도 나오지 않아 사실상 비닐하우스 경작을 그만 두게 되었습니다.

나. 채무자는 ○○○○. ○○. ○○.비닐하우스 경작을 정리하면서 남은 소요비료는 채권자에게 반환하고 사용한 물품대금은 정산한 후 모두 채권자에게 변제하였습니다.

다. 이에 채권자는 채무자에게 물품대금을 변제하라는 아무런 통보도 하지 않았고 설령 채무자의 연락처를 몰라 청구하지 않았다 한다면 연락처 또한 채권자가 알고 있었는데 채권자는 5년이 훨씬 경과된 ○○○○. ○○. ○○. 물품대금을 지급하라는 지급명령을 제기하여 채무자는 너무나도 황당합니다.

라. 가사 채무자가 물품대금을 지급하지 못하였다 하더라도 민법 제163조 6항 물품대금청구에 대한 소멸시효는 3년입니다.

따라서 채권자와 채무자의 거래는 위와 같이 ○○○○. ○○. ○○.경 중지되었기 때문에 소멸시효가 완성되었습니다.

3. 결어

그러므로 채권자의 청구는 이유가 없으므로 기각되어야 할 것입니다.

○○○○ 년 ○○ 월 ○○ 일

위 피고(채무자) : ○ ○ ○　　(인)

전주지방법원 정읍지원 귀중

답 변 서

재판장확인
. . . .

사건번호 : ○○○○가단○○○○호 대여금

원 고 : ○   ○   ○

피 고 : ○   ○   ○

부본영수
. . . .

○○○○ 년 ○○ 월 ○○ 일

위 피고 : ○ ○ ○ (인)

전주지방법원 민사○단독 귀중

답 변 서

사건번호 : ○○○○가단○○○○호   대여금

원   고 : ○   ○   ○

피   고 : ○   ○   ○

위 사건에 관하여 피고는 다음과 같이 답변합니다.

- 다 음 -

청구취지에 대한 답변

1. 원고의 청구를 기각한다.
2. 소송비용은 원고의 부담으로 한다.

라는 판결을 구합니다.

청구원인에 대한 답변

1. 차용경위

   (1) 피고는 ○○○○. ○○.경 ○○○으로 임명받은 후 ○○○에서 근무하다가 ○
      ○○○. ○○.경 정년퇴직하였습니다.

   (2) 원고는 개명을 하기 전에는 ○○○였는데 피고와는 고향선후배사이로서 피고
      가 ○○○를 통하여 금전을 차용하게 된 경위는 다음과 같습니다.

   (3) 피고가 ○○에 근무할 이전부터 피고의 누나인 소외 ○○○ 등 형제자매들과
      ○○지방법원 ○○○○가합○○○○호 유류분반환 소송 등 여러 건의 재

판을 하고 있었는데 ○○○(원고)가 피고의 사정을 고려하여 소송비용 등으로 빌려 준 것입니다.

(4) 피고의 망부 ○○○의 자녀로는 아들인 피고 이외에도 딸인 소외 ○○○과 ○○○, ○○○ 등이 있었고 딸들의 사주를 받은 망부는 피고를 상대로 명의신탁해지를 원인으로 하는 소유권이전등기청구소송 등을 제기하여 그 재판 진행 중 망부가 ○○○○. ○○.경 사망하자 ○○○ 등이 소송수계를 하여 재판을 진행하는 한편, ○○○ 등은 피고를 상대로 ○○지방법원 ○○○○가합○○○○호로 유류분반환 소송을 제기한 것을 비롯하여 이를 둘러싼 부동산가압류 등 보전처분과 형사고소 등 수많은 법적 분쟁에 휘말리면서 피고로서는 소송비용 등 상당한 자금이 필요하였는데 피고가 보유하고 있던 부동산들이 가압류되는 바람에 금융기관으로부터 대출을 받기가 어렵게 된 형편에서 피고는 고향후배인 원고(개명하기 전 ○○○)로부터 돈을 빌려 소송비용으로 부족한 자금을 충당하게 되었던 것입니다.

2. 원고로부터 빌린 차용금

(1) 피고가 원고(개명하기 전 ○○○)로부터 차용한 금액에 대하여 ○○○○. ○○. ○○.현재 원고와 정산한 차용금은 금 ○,○○○만원입니다.

3. 차용금에 대한 일부상환

(1) 피고는 위 대여금 ○,○○○만원 중 금 ○,○○○만원을 원고(개명하기 전 ○○○)가 지정하는 가족들에게 각 변제하였습니다.

4. 미상환금액

(1) 피고가 원고(개명하기 전 ○○○)로부터 차용한 금액은 금 ○,○○○만원인데 여기서 금 ○,○○○만원을 상환하고 미상환한 금액은 금 ○,○○○만원입니다.

차용금	상환금	미상환금
48,000,000원	23,500,000원	24,500,000원

5. 원고의 억지주장

   (1) 원고(개명하기 전 ○○○)는 소장에서 피고가 원고와 원고의 아들과 딸을 취직
       시켜 주겠다며 대략 1억 원을 빌려갔다, 우선 금 ○,○○○만 원을 청구하
       는 것이라고 주장하고 있으나 피고로서는 말도 안 되는 억지주장이므로 이
       에 대한 구체적인 답변은 유보하겠습니다.

   (2) 따라서 피고는 ○○○(개명하기 전 원고의 이름)로부터 위 유류분 등의 소송비
       용으로 돈을 빌린 것은 사실이지만 소송이 장기간 동안 진행되는 바람에
       상환이 늦어진 것일 뿐 어떠한 목적을 띤 대가성으로 돈을 빌리지는 않았
       습니다.

6. 피고의 항변

   (1) 피고가 원고(개명하기 전 ○○○)로부터 빌린 돈은 모두 ○,○○○만원이고 여
       기서 금 ○,○○○만원은 이미 변제되어 그 잔액이 ○,○○○만원이 남아
       있는데 피고로서는 위 유류분반환 소송이 종료되어 피고가 ○○지방법원
       ○○○○타기○○○○호 배당절차사건에서 배당받아 변제하려고 하였으나
       원고(개명하기 전 ○○○)는 피고를 사기죄로 고소를 제기하고 터무니없는
       돈을 부풀려 요구하고 나서는 바람에 변제를 못하고 있습니다.

   (2) 원고(개명하기 전 ○○○)는 소장에서 우선 일부금으로 금 ○,○○○만원을 청
       구한다고 주장하면서 지금까지 원고(개명 전 ○○○)가 피고에게 빌려준 돈

은 대략 1억 원 이상으로 파악되는데 그 증빙자료를 확보하는데 다소 시간이 지연되고 있고, 일부는 피고가 변제한 부분도 있다며 입증자료가 확보되어야 특정이 가능하다고 주장하고 있으나 피고는 원고(개명하기 전 ○○○)로부터 빌린 돈은 ○,○○○만원도 아니고, 1억 원도 아닌 금 ○,○○○만원이며 여기서 ○,○○○만원은 이미 위와 같이 상환하였으며 미상환한 금액은 금 ○,○○○만원뿐입니다.

7. 결론

이상에서 본 바와 같이 원고(개명하기 전 ○○○)의 이 사건 청구는 이유 없는 것이며 피고가 원고에게 미상환한 금액은 금 ○,○○○만원이므로 이의 범위 내에서 감액되어야 할 것이고 나머지 원고의 청구는 기각되어야 할 것입니다.

소명자료 및 첨부서류

1. 을 제1호증   정산서

○○○○ 년 ○○ 월 ○○ 일

위 피고 : ○ ○ ○ (인)

전주지방법원 민사○단독 귀중

답 변 서

재판장확인
. . .   .

사건번호 : ○○○○가소○○○○호 손해배상(기)

원   고 : ○   ○   ○

피   고 : ○   ○   ○

부본영수
. . .   .

○○○○ 년 ○○ 월 ○○ 일

위 피고 : ○ ○ ○   (인)

수원지방법원 ○○시법원 귀중

답 변 서

사건번호 : ○○○○가소○○○○호 손해배상(기)

원 고 : ○   ○   ○

피 고 : ○   ○   ○

위 사건에 관하여 피고는 다음과 같이 답변합니다.

- 다 음 -

청구취지에 대한 답변

1. 원고의 청구를 기각한다.
2. 소송비용은 원고의 부담으로 한다.

라는 판결을 구합니다.

청구원인에 대한 답변

1. 사실관계

　　가. 이 사건의 실체

○ 피고는 ○○○○. ○○. ○○. 새벽 3시경 밤늦게까지 운영하는 주유소에서 일을 마치고 집으로 귀가하던 도중에 국밥 집에서 밥을 먹으면서 소주를 1병정도 마셨습니다.

○ 평상시에도 피고가 거주하는 아파트 출입구 공동현관문은 잦은 고장으로 인하여 고생한 적도 있는데 마침 이 사건 당일 피고가 아파트 출입구 공동현관문의 비밀번호를 누르는데 문이 열리지 않았습니다.

○ 다급한 마음으로 피고는 여러 번 경비초소를 오가며 아파트 경비원을 찾고 불러도 경비원들이 자리에 없어서 화가 치밀어 창문을 깨뜨렸는데 누군가가 신고하여 원고가 출동하였습니다.

○ 피고는 원고와 또 다른 경찰관 들이 출동한 모습을 보고 오히려 경찰관들에게 다가가 사실대로 자리에 있어야 할 경비원들이 자리에 없었고 현관문을 빨리 열어야겠다는 조급한 심정으로 실수하여 창문을 깬 것으로 말을 하자 원고와 같이 출동한 다른 경찰관들이 마구잡이로 피고에게 달려들어 미란다원칙을 고지하지 않은 채 수갑을 채우고 강제연행을 하는 과정에서 피고는 원고를 비롯해 여러 명의 경찰관들을 향하여 항의하는 과정에서 다소 격한 감정을 피력한 것일 뿐입니다.

나. 원고의 불법행위

○ 원고는 아무리 경찰관이라 하더라도 경비실 작은 창문이 깨졌다는 신고를 받고 출동하였고 피고가 도망을 하지도 않았고 피고 스스로 충동한 경찰관들이 서 있는 곳으로 가서 피고가 위와 같은 감정을 이기지 못하고 창문을 깬 것이라고 죄송하다고 했었고, 또 피고가 이 사건 아파

트에 거주하는 주민으로써 아파트 공동현관문이 열리지 않아 일어난 것임을 감안할 때 출동한 경찰관은 원고 뿐만 아닌 여러 명이 출동한 상황에서 구태여 피고의 손목에 수갑을 채우고 과잉반응을 보일 필요 까지는 없었습니다.

○ 원고는 미란다원칙을 준수하지도 않았습니다.

또 피고는 현장을 벗어나 멀리 도망을 가지도 않았고 순순히 스스로 원고들의 다른 경찰관들이 있는 곳으로 다가가 창문을 깬 사실을 인정 한 피고를 현행범으로 몰아붙이고 손목에 수갑까지 채우고 강제로 지 구대로 연행했다는 것은 엄격히 말해 불법입니다.

이에 대하여 항의하는 과정에서 일어난 다소 격앙된 발언이 있었다 하 더라도 원고를 비롯하여 또 다른 여러 명의 경찰관이 출동한 장소에서 경찰관에게 욕설과 어떤 경멸의 언사를 하는 경우에는 모욕의 전파가 능성이 부정되므로 모욕죄가 성립하지 않습니다.

○ 전파가능성이 없으므로 모욕죄가 성립하지 않습니다.

아파트 내 경비실 창문의 유리창을 깼다는 신고를 받고 출동한 원고들 의 경찰관은 이 사건 아파트에 거주하고 공동현관문이 열리지 않아 경 비실에 호출하여도 경비원들이 자리에 없어 유리창을 깬 것이라고 피 고가 인정하고 순순히 질문에 응하였으나 느닷없이 원고와 다른 경찰 관들이 달려들어 수갑을 채우려 하자 이에 피고가 '씨발'등으로 욕설을 하였더라도 다른 경찰관들은 피고가 발설한 내용을 함부로 전파하지 않을 것으로 기대할 수 있는 직무상 관계에 있는 사람들이므로 공연성 이 있다고 보기 어렵습니다.

다. 청구권이 없습니다.

○ 원고는 피고가 이 사건 모욕죄로 형사 처벌을 받은 것으로 그에 대한 위자료로 금 3,000,000원을 청구하고 있습니다.

○ 모욕죄에 대한 불법행위 손해배상청구소송은 반드시 가해자인 피고에게 형사 처벌을 받은 후에 청구권이 있습니다.

○ 피고는 이 사건 이후에 아무런 모욕죄와 관련하여 어떠한 처분도 받은 사실이 없습니다.

현재까지 아무런 정식재판이나 약식명령을 받은 사실도 없습니다.

2. 손괴부분과 관련하여

가. 피고는 이 사건과 관련하여 경비실 창문을 깨뜨린 부분의 손괴부분에 대해서는 실수에 대하여 아파트 관리사무실을 비롯하여 경비초소에 정중히 사과하고 그에 대한 피해보상금으로 금 300,000원을 지급하고 유리 창문을 새것으로 끼웠습니다.

나. 수사기관에도 손괴부분과 관련하여 관련 자료를 제출하였음에도 불구하고 원고는 피고의 손괴부분을 거론하고 있다는 것은 무엇인가 석연치 않은 부분이 대두되어 있습니다.

3. 강제연행

가. 현행범체포 대상이 아닙니다.

○ 형사소송법 제212조에 의하면 현행범의 체포는 범죄가 실행중이거나 실행 직후인 자를 현행범이라고 하고 현행범은 구속영장 없이 체포할 수 있습니다.

그러나 피고는 경비실 창문의 유리창을 깬 시각으로 본다면 범죄가 실행중이지도 않았고, 그렇다고 해서 실행직후이지도 않았습니다.

피고가 현행범으로 체포되어 강제연행이 되어야 할 이유가 전혀 없었습니다.

또한 미란다원칙 고지 없는 체포는 위법입니다.

반드시 원고는 피고에게 (1) 피의사실의 요지를 말하지 않았고 (2) 체포의 이유와 변호인을 선임할 수 있음을 말하지도 않았고, (3) 변명할 기회를 주지도 않고 스스로 원고와 그와 같이 출동한 경찰관들이 있는 곳으로 가서 자초지종을 설명하는 과정에서 느닷없이 피고에게 달려들어 수갑을 채우고 강제연행을 저지하는 과정에서 일어난 것입니다.

원고와 그의 출동경찰관들은 피고의 손목에 수갑을 채우고 체포할 당시 고지해야 하며 단 한 가지라도 고지하지 않으면 위법인데 원고들은 전혀 고지한 사실이 없습니다.

지구대로 피고를 강제연행 해 온 이후 고지하여 피고는 강력히 항의하는 과정에서 오고간 언행이었을 뿐입니다.

나. 불법체포에 항의하는 과정에서의 언쟁

○ 하물며 피고는 지구대로 강제연행 된 상태에서 항의하는 과정에서 지
   구대에는 또 다른 경찰관들이 많이 있었는데 손목에 채워진 수갑 때
   문에 "손목이 몹시 아프다, 풀어달라."고 항의하였음에도 아랑곳하지
   않아 언쟁이 있었는데 다른 동료들이 나서 피고에게 경찰관에게 욕을
   하면 모욕죄로 처벌받는다며 간신히 손목에 채워진 수갑을 풀어준 사
   실도 있습니다.

○ 모두 원고나 또 다른 경찰관들의 불법행위에 항의하는 과성에서 빗어
   진 언쟁일 뿐입니다.

4. 결론

가. 원고의 청구기각

○ 원고의 이 사건 청구는 피고의 불법행위가 확정되기도 전에 미리 형사
   처벌을 전제로 하여 청구한 것은 마땅히 청구권이 없으므로 기각을
   구합니다.

○ 여러 모로 보나 원고의 청구는 그 이유가 없는 것이므로 청구기각을
   구합니다.

나. 피고의 의지

○ 피고로서는 피고가 잘했다는 것이 아니라 많은 사람들에게 술을 먹고

실수를 한데 대하여 진심으로 사과하는 심정으로 살아갈 각오에 몰입하고 있습니다.

○ 또 피고는 원고들이 근무하는 지구대주변에서 정년퇴직한 이래 피고가 늦은 시간까지 영업하는 주유소에서 소장으로 근무하는 등 원고들과 얼굴을 불혀야 할 이유 또한 없는 것 같은 심정으로 피고의 형편으로 다소나마 고려한다면 원고에게 금 500,000원을 지급하는 선에서 해결했으면 좋겠습니다.

○ 무슨 경찰관들이 이렇게 자신들의 잘못은 아랑곳하지 않고 피고가 형사 처벌을 받은 바 없는 입장에서 같은 경찰서의 같은 경찰관들이 꾸민 조서 하나만으로 100% 피고가 유죄로 형사 처벌을 받을 것을 전제로 하여 막대한 돈을 위자료로 청구한다는 것이 지금까지도 허락하지 않지만 우리 사랑하는 가족과 어린 아이들을 생각해서 원고에게 구원을 하고 싶을 따름입니다.

○ 존경하는 우리 재판장님의 현명한 판단을 기다리겠습니다.

5. 참고사항

원고 ○○○은 수원지방법원 ○○시법원 ○○○○가소○○○○호로 손해배상(기) 청구의 소를 제기하였고, 사고 당시 같은 경찰관으로 출동한 원고 ○○○은 같은 ○○○○가소○○○○호로 손해배상(기) 청구의 소를 제기하여 수원지방법원 ○○시법원에 각 계류 중에 있습니다.

○○○○ 년 ○○ 월 ○○ 일

위 피고 : ○ ○ ○   (인)

수원지방법원 ○○시법원 귀중

답 변 서

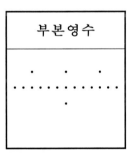

재판장확인

· · ·
· · · · · · · · · · · ·
·

사 건 번 호 : ○○○○차○○○○호 양수금청구 독촉사건

채 권 자 : ○   ○   ○

채 무 자 : ○   ○   ○

부본영수

· · ·
· · · · · · · · · · · ·
·

○○○○ 년 ○○ 월 ○○ 일

위 채무자 : ○   ○   ○   (인)

서울북부지방법원 독촉계 귀중

답 변 서

사 건 번 호 : ○○○○차○○○○호 양수금청구 독촉사건

채 권 자 : ○   ○   ○

채 무 자 : ○   ○   ○

위 사건에 관하여 채무자는 다음과 같이 답변합니다.

- 다 음 -

청구취지에 대한 답변

1. 채권자의 청구를 기각한다.
2. 소송비용은 채권자의 부담으로 한다.
라는 판결을 구합니다.

청구원인에 대한 답변

(1) 소멸시효 완성채권

　　가. 채권자는 신청 외 ○○상호저축은행(이하, 다음으로는'저축은행 '으로 줄여
　　　　쓰겠습니다)으로부터 ○○○○. ○○. ○○. ○개월을 상환기간으로 정하여
　　　　채무자에게 대출한 금 5,000,000원에 대하여 연체일 ○○○○. ○○. ○○.

부터 이 사건 지급명령을 신청접수 한 ○○○○. ○○. ○○.까지 역수 상 5년이 훨씬 경과되어 이미 소멸시효가 완성되었음에도 위 저축은행으로부터 헐값에 매수하여 채무자를 상대로 양수 금을 청구한 것입니다.

나. 채권자가 일방적으로 주장하는 청구원인에 의하면 채무자가 ○○○○. ○○. ○○.위 저축은행에서 대출을 받으면서 위 대출금은 대출일로부터 ○개월 후인 ○○○○. ○○. ○○.에 변제하기로 하였던 것인데 이를 채무자가 변제하지 않고 있다는 주장입니다.

다. 채권자가 주장하는 바와 같이 ○○○○. ○○. ○○.이를 변제한다는 대출약정에 따라 채무자가 변제하지 못했더라도 ○○○○. ○○. ○○.을 소멸시효의 기산일로 간주하더라도, ○○○○. ○○. ○○.부터 이 사건 지급명령을 채권자가 신청한 ○○○○. ○○. ○○.까지는 (5년)으로 소멸시효가 이미 완성된 동 대출금을 저축은행으로부터 헐값에 매수하여 채무자에게 청구한 것입니다.

라. 이는 '상법 제64조(상사시효) 상행위로 인한 채권은 본법에 다른 규정이 없는 때에는 5년간 행사하지 아니하면 소멸시효가 완성한다.'에서 정한 법률에 의거, 채무자를 대상으로 청구취지의 금원을 더 이상 청구할 수 없음에도 불구하고 채무자에게 의도적으로 청구한 것입니다.

(2) 이 사건 대출금

가. 채무자는 위 저축은행으로부터 ○○○○. ○○. ○○. 금 5,000,000원을 대출을 받은 것은 사실이며, 대출일로부터 ○○○일 이내(○개월 후 ○○○○. ○○. ○○.)에 변제하기로 한 것도 사실이며, 너무나 오래되어 기억은 나지 않지만 그 무렵 채무자는 저축은행에 위 대출금을 변제한 것으로 어렴풋이 기억은 나는데 시일이 오래 되어 변제한 근거를 찾을 수 없을 뿐 모두 변제한 것으로 알고 있습니다.

(3) 양도·양수 주장에 대한 반박

　가. 채권자는 저축은행으로부터 순차적으로 양도·양수를 받은 것이라고 주장하고 있으나 채무자가 저축은행으로부터 대출을 받은 지(대출일자 ○○○○. ○○. ○○.부터 채권자가 지급명령을 신청한 ○○○○. ○○. ○○.까지)무려 ○○년이 넘도록 양도·양수와 관련하여 그 누구로부터 양도통지서 또한 송달받은 바 없어 전혀 알 수 없었습니다.

　나. 양도사실을 채무자가 설사 알았다고 하더라도 이미 이 사건 저축은행에 대한 채무자의 대출금은 ○○년이 지났기 때문에 이미 소멸시효가 완성되었으므로 채권자에게 청구권 또한 없습니다.

(4) 내용증명발송 등 주장에 대한 반박

　가. 채권자는 채무자에게 소멸시효를 중단하기 위해 내용증명을 발송한 주장과 비슷하게 주장을 하고 수차례에 채무상환에 대한 안내문을 발송하였다고 주장하고 있으나 채무자는 채권자 등으로부터 그 어떤 내용증명이나 안내문 또한 받은 사실 없습니다.

　나. 설사 내용증명이나 안내문을 채무자가 받았다 하더라도 내용증명으로 시효가 중단되었다 해도 채권자는 내용증명발송 후 6개월 이내에 채무자를 상대로 소멸시효가 중단되는 그 어떠한 청구에 따른 법적조치를 취한 바 없으므로 시효가 중단되지 않았습니다.

　다. 따라서 소멸시효가 완성되는 대출일자 ○○○○. ○○. ○○. 상환일자 ○○○○. ○○. ○○.(○개월)부터 이 사건 지급명령을 신청한 ○○○○. ○○. ○○.까지 5년이 경과하기까지 그 어떠한 시효 중단사유 또한 전혀 없었으므로 이미 소멸시효가 완성된 이후에 채권자는 채권자와 유사한 대부업체들끼리 양도·양수가 이루어진 것으로 가정하여 양수금을 청구한 것이므로 기각되어야 할 것입니다.

(5) 결론

채권자는 이미 소멸시효가 완성되어 청구권이 소멸되어 위 저축은행이 추심을
포기한 위 자산을 헐값에 매수하여 채무자에게 청구한 것이므로 채권자의 신
청취지 및 신청원인에 대하여 이를 기각한다는 판결을 구하고자 이 사건 신청
에 이르게 된 것입니다.

소명자료 및 첨부서류

1. 을 제1호증   대출약정서

○○○○ 년 ○○ 월 ○○ 일

위 채무자 : ○ ○ ○   (인)

서울북부지방법원 독촉계 귀중

답 변 서

재판장확인
. . .
....
....

사건번호 : ○○○○차○○○○호   양수금청구 독촉사건

채 권 자 : ○   ○   ○

채 무 자 : ○   ○   ○

부본영수
. . .
....
....

○○○○ 년 ○○ 월 ○○ 일

위 채무자 : ○   ○   ○   (인)

울산지방법원 독촉계 귀중

답 변 서

사건번호 : ○○○○차○○○○호 양수금청구 독촉사건

채 권 자 : ○   ○   ○

채 무 자 : ○   ○   ○

위 사건에 대하여 채무자는 다음과 같이 답변 및 결정을 구하고자 합니다.

- 다   음 -

청구취지에 대한 답변

1. 채권자의 신청을 기각한다.
2. 소송비용은 채권자의 부담으로 한다.
라는 판결을 구합니다.

청구사유에 대한 답변

1. 채권자는 신청 외 주식회사 ○○저축은행(이하 앞으로는 '○○저축은행' 라고 줄여
   쓰겠습니다)가 채무자에게 ○○○○. ○○. ○○. 대출한 금 ○○,○○○,○○○원
   을 ○○○○. ○○. ○○.변제하기로 하였으나 이를 변제하지 않은 채권에 대하여
   신청 외 ○○저축은행으로부터 ○○○○. ○○. ○○.양수받아 양수금을 청구한다
   고 주장하고 있습니다.

2. 한편 채권자는 채무자가 신청 외 ○○저축은행에게 ○○○○. ○○. ○○.대출을 받

은 것인데 이를 변제하지 않았다고 주장하고 있는데 이는 채권자가 신청 외 ○○저축은행의 대출업무와 신용카드대출업무는 상법 제46조 제8호에 의한 기본적 상행위에 해당되며, 상행위로 인한 채권의 소멸시효에 관하여 판례는 당사자 쌍방에 대하여 모두 상행위가 되는 행위로 인한 채권뿐만 아니라 당사자 일방에 대하여만 상행위에 해당하는 행위로 인한 채권도 상법 제64조 소정의 5년의 소멸시효기간이 적용되는 상사채권에 해당한다(2002년9월24일 선고 2002다6760,6777판결. 2005년5월27일 선고 2005다7863호 판결 참조)고 판시하고 있습니다.

3. 채권자의 신청 외 ○○저축은행의 채무자에 대하여 한 대출업무는 상법에 적용되는 상행위이므로 따라서 그 원금 및 지연이자금의 소멸시효기간은 5년이라 할 것인바 그렇다면 이 또한 이미 모두 소멸된 것입니다.

4. 그러므로 채권자의 채무자에 대한 이 사건 양수금 청구는 채무자가 채권자에 대해 부담하는 채무는 대출계약으로 인한 상법 제64조에 따라 신청 외 ○○저축은행이 ○○○○. ○○. ○○. 대출한 금 ○○,○○○,○○○원은 ○○○○. ○○. ○○.변제하기로 한 이상 ○○○○. ○○. ○○. 연체일로부터 채권자가 이 사건 지급명령을 신청한 ○○○○. ○○. ○○.까지 5년이 경과되어 시효로 이미 소멸한 것이므로 기각을 면치 못할 것입니다.

소명자료 및 첨부서류

1. 소 을제1호증   대출약정서(지명령신청서에 첨부된) 부본

                       ○○○○ 년 ○○ 월 ○○ 일

                                             위 채무자 : ○ ○ ○   (인)

울산지방법원 독촉계 귀중

답 변 서

재판장확인
· · ·
··························
·····

사건번호 : ○○○○가단○○○○호 대여금청구

원　　고 : ○　　○　　　　○

피　　고 : ○　　○　　○　외2

부본영수
· · ·
··························
·····

○○○○ 년 ○○ 월 ○○ 일

위 피고 : ○ ○ ○ 외2 (인)

○○지방법원 민사3단독 귀중

답 변 서

사건번호 : ○○○○가단○○○○호 대여금청구

원   고 : ○   ○   ○

피   고 : ○ ○   ○ 외2

위 사건에 관하여 피고들은 다음과 같이 답변합니다.

- 다 음 -

청구취지에 대한 답변

1. 원고의 청구를 기각한다.
2. 소송비용은 원고의 부담으로 한다.
라는 판결을 구합니다.

청구원인에 대한 답변

1. 위 사건에 관하여 소외 망 ○○○의 상속인인 피고들은 ○○○○. ○○. ○○. 부로 ○○지방법원에 상속한정승인 심판(○○○○느단○○○○호, 상속한정승인)을 청구하여 ○○○○. ○○. ○○.자로 수리되었습니다.

2. 이에 따라 피고들은 상기 상속한정승인 심판에 따라 상속받은 재산의 한도 내에서 소외 망 ○○○의 채무를 변제하겠습니다.

3. 또한 원고는 청구취지에서'소송비용을 피고들이 부담하라'고 주장하고 있으나, 이 사건에서 피고들의 과실이나 채무불이행 책임이 전혀 없기 때문에 '소송비용을 피고들이 부담하라'는 원고의 주장은 부당하므로 소송비용은 원고가 부담해야 한다고 사료됩니다.

소명자료 및 첨부서류

1. 을 제1호증의 1호   한정승인심판서   1통
2. 을 제2호증의 2호   ○○○○   1통

○○○○ 년 ○○ 월 ○○ 일

위 피고1 : 0 0 0   (인)

위 피고2 : 0 0 0   (인)

위 피고3 : 0 0 0   (인)

○○지방법원 민사3단독 귀중

답 변 서

재판장확인
· · ·
············
·

사건번호 : ○○○○드단○○○○호 이혼 등

원   고 : ○   ○   ○

피   고 : ○   ○   ○

부본영수
· · ·
············
·

○○○○ 년 ○○ 월 ○○ 일

위 피고 : ○ ○ ○   (인)

○○지방법원 가사2단독 귀중

답 변 서

사   건 : ○○○○드단○○○○호 이혼 등

원   고 : ○   ○   ○

피   고 : ○   ○   ○

위 사건에 관하여 피고는 다음과 같이 답변합니다.

- 다   음 -

청구취지에 대한 답변

1. 원고와 피고의 이혼을 기각한다.

2. 사건본인 ○○○의 양육 및 친권자로 피고를 지정한다.

라는 판결을 구합니다.

청구원인에 대한 답변

1. 원고의 청구원인 중 1항은 다툼이 없습니다.

2. 수년에 가끔 일상의 부부다툼은 있었으나 길거리, 버스 정류장에서 노숙을 했다는
   건 정말 사실 무근입니다.

가. 욕설은 인정하나 주먹이나 발로 구타했다는 건 거짓말입니다.

　　피고가 운영하는 전자제품대리점 근처에는 포장마차 즉 야시장이라 아파트는 전혀 없으며 지하에 도피하여 고통을 겪었다는 원고의 주장은 말도 안 되는 거짓말입니다.

나. 배달기사들과 일하러 가던 중 원고의 거친 표현에 화가 나서 원고의 버릇을 고쳐주려고 약간의 소란은 있었습니다.

다. 아이들의 교육차원에서 소파에 엎드리게 하여 방 빗자루로 2대 때린 적 있었으나 지금 이 시간까지 자녀들에게 따귀를 때린 적은 없습니다.

　　노모님과 자녀들 앞에서 원고의 무식한 잔소리에 그만 화를 참지 못하고 불미스러운 모습을 보인 건 사실이나 변기통에 머리를 처 박았다는 원고의 주장은 사실이 아닙니다.

라. 원고가 남자에게 보낸 문자메시지를 보여주며 자초지종을 묻던 중, 원고의 비아냥거림과 대화거부로 무척 화가 치밀어 옆에 있던 운동기구를 집어 던진 사실은 있었습니다.

　　오히려 원고가 친정오빠에게 도움을 청한 게 아니라 너무 말이 통하지 않아 피고가 직접 전화로 처남을 불러 대화를 나누었으며 처남이 피고에게 많이 참으라고 위로하고 돌아갔습니다.

마. 막노동은 단 하루도 한 적이 없으며 피고는 전기부분 국가기술자격증까지 소지하고 있으며 피고는 당시 은행에 현금이 1억 원 이상 예치되어 있었습니다.

새로 구입한 신차를 몰고 나간 원고가 휴대폰을 정지시키고 집에 들어오지 않아 혹시 무슨 일이 생겼나 걱정이 되어 차량을 수배하게 되었던 것입니다.

원고가 몇 일후에 집에 들어왔기에 우리 집은 모텔이 아니니 나가라고 했으며 나가지 않아 화가 나는 바람에 식탁을 주먹으로 내리 친 사실은 있었습니다.

바. 원고가 외간 남자와 자주 외박을 하는데 도저히 참을 수가 없어 피고도 모르게 폭력을 행사한 건 사실이나 원인제공은 원고에게 있음을 참고하여 주시기 바랍니다.

사. 원고의 잦은 외박과 당신 나 너무 실망시킨다, 전화 좀 하고 살자, 어렵겠지만 돈 좀 부쳐 달라, 등 원고가 남자에게 발신한 문자메시지를 피고가 몰랐더라면 단란했던 우리 가정이 이렇게 파탄지경에 까지 오지 않았을 것을 후회 아닌 후회를 해 봅니다.

3. 모든 재산과 현금이 처남과 처남의 명의로 되어 있으니 재산분할을 청구하지 않을 뿐입니다.

피고로서는 원고가 진심으로 개과천선하여 가정으로 돌아오길 바랄뿐입니다.

4. 아들과 딸은 아버지인 피고를 존경하며 저의 가정은 아내인 원고가 마음을 바꾸고 돌아오면 예전의 단란하고 행복했던 모습으로 돌아가리라 믿으며 자식들도 엄마가 돌아오길 바라고 있고 피고 또한 아내를 소중히 생각하고 있습니다.

원고에게 이혼에 대해 진심을 들어보면 피고가 원고의 부정을 거론하여 소란을 피울까봐 걱정되어 이혼을 해야 한답니다.

제 아내는 너무 착하고 순진합니다.

마지막으로 원고인 아내가 생각할 시간적인 여유와 진지한 대화를 나눌 수 있는 부부상담의 시간을 요청하는 바입니다.

피고는 저의 소중한 가정을 꼭 살리고 싶습니다.

소명자료 및 첨부서류

1. 수시로 필요에 따라 제출하겠습니다.

2. 답변서 부분

○○○○ 년 ○○ 월 ○○ 일

위 피고 : ○ ○ ○ (인)

○○지방법원 가사2단독 귀중

답 변 서

재판장확인
·　　·　　·
························
······

사건번호 : ○○○○누○○○○호　파면처분취소

원　　고 : ○　　○　　○

피　　고 : 경　찰　청　장

부본영수
·　　·　　·
························
······

○○○○ 년 ○○ 월 ○○ 일

위 원고 : ○　　　○　　　○

서울고등법원 제5행정부 귀중

답 변 서

사건번호 : ○○○○누○○○○호   파면처분취소

원 고 : ○   ○   ○

피 고 : 경 찰 청 장

위 사건에 관하여 원고는 다음과 같이 답변합니다.

- 다 음 -

1. 피고 주장요지

원심법원이 원고에게 징계사유가 인정되나 국가공무원법 제79조에서 정한 징계의 종류 중 가장 무거운 징계인 파면을 택한 이 사건 처분은 원고에게 지나치게 가혹하여 재량권을 남용한 위법이 있으므로 취소한다고 판시한 것에 대하여, 피고는 상명하복의 엄격한 규율이 요구되는 경찰조직에서 현직 경찰서장이 기자회견을 통해 지방경찰청장의 사퇴를 촉구한 것은 사상 초유의 항명사태이며 경찰 내부의 갈등으로 비춰져 경찰에 대한 국민의 신뢰 실추 요인으로 작용하였던 만큼 경찰조직의 신뢰회복, 갈등봉합, 지휘권 확립을 통한 공직기강을 바로 세우기 위해서는 원고에 대한 파면처분은 징계권을 부여한 목적에 반하거나 균형을 현저히 잃지 않았으므로 위법하지 않다고 주장합니다.

2. 피고 주장의 부당성

가. 본건 언론인터뷰는 제도개선을 위한 공익적 목적에서 비롯되었습니다.

피고는 원고가 성과관리제의 문제점을 언급하면서 전혀 인과관계 없는 ○○경찰서 경찰관 가혹행위 사건을 언급하였고, 원고가 서장으로 있던 ○○경찰서가 성과평가에서 최하등급을 받고 ○○○청장으로부터 공개적으로 질책을 받는 등 감정이 좋지 않았던 점으로 미루어 원고의 언론 인터뷰가 사심 없이 오로지 공익을 위한 행동으로 볼 수 없다고 주장합니다.

원고는 ○○○ 당시 ○○경찰장이 경찰서장들에게 성과관리제 시행을 직접 지시하는 ○○○○. ○○.월 경찰서장급 회의석상에서 본 제도의 부작용과 폐해 3가지를 지적하며 재검토할 것을 건의하였고, 본 제도시행 후인 ○○○○. ○○.월 이래로 총 6차례에 걸쳐 편지와 공문 형식으로 본 제도주무관인 ○○경찰청 청문감사관에게 제도개선을 촉구하였으나, 돌아온 것은 실적이 나쁜 원인을 조사한다며 ○○청 감찰을 동원하여 원고 및 ○○경찰서 과장급을 미행, 감시하였고, ○○청 총경급 참모들은 원고에게 "시키면 시키는 대로 하는 것이 좋을 것이다. 실적 올려 경무관으로 승진해야 할 것 아니냐"는 빈정거림이 있었을 뿐 원고의 의견은 전혀 반영되지 않았고 반영될 기미도 보이지 않았습니다.

검거위주의 가시적인 성과에만 치중하다보면 점수를 올리기 위해 무리한 강압수사와 단속 위주의 활동으로 힘없는 서민, 청소년들의 인권 침해가 발생하기 쉽고, 예방활동을 해야 할 정복 경찰관마저도 사복으로 갈아입고 검거에 주력하고, 심지어 점수 올리기 위해 사건이 많은 타 경찰서 관내까지 진출함으로써 정작 자기 지역 치안활동에는 소홀하게 되는 문제가 발생하였습니다.

이러한 상황에서 성폭행 당해 하혈하는 초등학교 1학년 여학생을 즉시 병원으로 보호조치 하지 않고 50분이나 데리고 다니며 범인 검거에 나서 국민으로부터 비난을 샀던 ○○○경찰서 사건과 검거된 용의자의 여죄를 추궁한다며 고문 등을 하여 세상을 놀라게 한 ○○ 경찰서 사건이 실적위주의 성과관리제와 관련이 큰 데도 불구하고, 경찰청은 사고의 근본 원인을 실적주의에서 찾기보다는 일개 경찰관 개인의 자질문제로 치부하며 책임을 회피하는 것을 보며 원고는 도저히 경찰의 내부적인 자체 제도개선이 어렵다고 판단, 이 사건 인터뷰를 통해 공개적으로 제도개선을 요구하게 된 것입니다.

서울경찰청 실적주의는 ○○○ ○○청장이 ○○청장 재직하면서부터 시행하던 것을 ○○청장으로 자리를 옮기면서 가지고 온 제도로, 실적주의 제도개선을 촉구하며 그 제도를 도입한 책임이 있는 ○○청장을 비판하게 된 것으로, 이는 어디까지나 일선 현장 경찰관들이 점수만을 위해 일하기보다 사명감을 가지고 소신껏 일하는 조직 문화를 만들려는 것이었으며, 실적 지상주의로 인한 폐해가 국민에게 돌아가 결과적으로 경찰이 국민으로부터 욕먹는 사태를 방지하고자 하는, 진정으로 경찰을 아끼는 충정에서 비롯된 것이지, 피고 주장처럼 원고가 서장으로 있는 ○○경찰서가 성과평가에서 최하등급을 받고 원고가 청장으로부터 공개적 질책을 받는 등 사적인 감정이 좋지 않았다거나 인사문제 관련 불만에서 비롯된 사심 있는 행동이라는 식의 추측성 판단으로 치부되어서는 안 될 것입니다.

나. 언론인터뷰 이후 성과관리제를 사실상 폐지하고 새로운 평가시스템으로 전환하고 있습니다.

원고의 언론 인터뷰 이후 일선 경찰관 및 국민들이 기존제도의 폐해에 대해 공감한다는 의견들이 다수를 이루자, ○○청은 성과관리제의 등급 격차를 완화하는 등 원고가 지적한 성과관리제의 문제점 상당 부분을 개선하였습니다.

그럼에도 불구하고 경찰서별 개선 토론회에서 일선 경찰들 역시 성과주의에 따른 실적 압박으로 수사 과정에서 무리한 입건을 하게 된다며 꾸준히 불만을 제기하고, 실제 현장에서 성과주의와 연관된 문제점이 계속 발생하자, 결국 ○○청은 ○○○○. ○○. ○○.경찰관서에 대한 평가와 관련해 검거 실적 등 성과주의식 평가 체계에서 '국민중심활동'에 대한 평가 방식으로 바뀐다는 내용의 '치안성과평가 수사 핵심지표 개선 설명회'를 개최하며 검거위주의 성과주의를 공식적으로 폐기하였습니다.(인터넷신문기사 참조)

이는 성과관리제가 가져온 경찰의 사기저하와 무리한 기획수사 등의 오류를 뒤늦게 인정하고 사실상 폐지하겠다는 의미로 실적위주가 아닌 국민을 위한 경찰활동이라는 새로운 평가시스템으로 전환하겠다는 방침을 밝힌 것이고, 원고는 위 제도의 오류시정과 개선을 공론화하는 계기이자 기폭제가 되었으며 그 결과 성과관리제는 불과 1년여만의 운용 끝에 폐지를 맞게 된 것입니다.

다. 파면처분은 재량권을 일탈하였습니다.

원고의 언론인터뷰가 성과관리제 문제를 지적하며 이를 도입한 책임이 있는 상사를 비판한 측면이 있다 할지라도 그 취지는 ○○경찰관서의 평가제도인 성과관리제의 제도 개선을 촉구하여 경찰조직 전체의 발전을 도모하려는 공익적 목적이 주된 것이기에 악의적인 것이라 볼 수 없고 경찰청이 추진하는 시책이나 제도의 개선점에 관하여 다수의 사람으로부터 공감을 얻고 문제점을 공론화시킬 목적도 컸던 점, 실제로 원고의 언론인터뷰 이후 성과관리제가 개선되어 현재에는 위 제도가 폐지되고 새로운 평가시스템 도입을 향한 전환기를 맞고 있어서 일선경찰관들의 긍정적 평가를 이끌어내고 있는 점, 원고는 그간 ○○년 이상을 경찰공무원으로 재직하면서 이 사건 처분 이전에 한번 도 징계처분을 받은 적이 없고 비리에 연루된 바 없이 성실하게 근무하여 대통령으로부터 근정포장을 받아왔던 점 등 모든 제반 정상을 고려하면, 원고에 대한 파면처분은 가장 중한 징계를 택함으로써 현저하게 균형을 잃은 과중한 처분으로 재량권의 한계를 벗어난 위법이 있다고 할 것입니다.

3. 결론

위와 같이 피고의 주장은 이유 없으므로 피고의 항소를 기각하여 주시기 바랍니다.

소명자료 및 첨부서류

1. 갑 제8호증의 1, 2호   인터넷신문기사

○○○○ 년 ○○ 월 ○○ 일

위 원고 : ○ ○ ○   (인)

서울고등법원 제5행정부 귀중

답 변 서

재판장확인
· · ·   · · · · · · · · · · · ·   ·

사건번호 : ○○○○드단○○○○호 이혼 등

원 고 : ○   ○   ○

피 고 : ○   ○   ○

부본영수
· · ·   · · · · · · · · · · · ·   ·

○○○○ 년 ○○ 월 ○○ 일

위 피고 : ○ ○ ○   (인)

○○지방법원 가사○단독 귀중

답 변 서

사 건 : ○○○○드단○○○○호 이혼 등

원 고 : ○ ○ ○

피 고 : ○ ○ ○

위 사건에 관하여 피고는 다음과 같이 답변합니다.

- 다 음 -

청구취지에 대한 답변

1. 원고의 청구를 기각한다,
2. 소송비용은 원고의 부담으로 한다,
라는 판결을 구합니다.

청구원인에 대한 답변

1. 피고 주장에 반하는 원고의 주장 사실을 전부 부인합니다.

2. 원고와 피고는 가끔 일상가사의 문제로 다툼은 있었으나 피고가 술을 먹고 길거리,
   또는 버스 정류장에서 노숙을 했다는 건 사실 무근입니다.

가. 피고가 원고에게 화가 난 상태에서 욕설은 인정하나 주먹으로 또는 발로 원고를 구타했다는 주장은 사실과 전혀 다른 억지주장입니다.

나. 피고가 다소 거친 표현을 한 것은 사실이나, 이러한 표현도 원고가 버릇이 없는 주장과 말을 함부로 하여 약간의 소란은 있었습니다.

다. 아이들의 행동이 좋지 않아 훈육하는 차원에서 소파에 엎드리게 하여 손으로 엉덩이를 두 번 때린 것은 있었으나, 지금까지 자녀들에게 따귀를 때린 적은 없습니다.

라. 노모님과 자녀들 앞에서 원고에게 무식한 잔소리에 그만 화를 참지 못하고 욕설을 한 것은 사실이나 아이들과 노모님 앞에서 원고를 때린 적은 없습니다.

3. 원고가 친정오빠에게 도움을 청한 것이 아니라 원고가 말이 통하지 않아 피고가 직접 처남을 불러 대화를 하자 오히려 처남이 피고에게 참으라고 위로하고 돌아갔습니다.

4. 피고는 차량을 가지고 낚시를 하면서 차량에서 잠을 자고 이틀 동안 공휴일에 낚시를 한 것은 사실이나 술에 취해 길에서 잠을 자고 아이들의 교육상 문제가 있다는 원고의 주장은 사실과 전혀 다른 억지주장에 불과합니다.

5. 피고는 원고가 외간 남자와 자주 외박을 하는데 대하여 도저히 참을 수 없어서 저도 모르고 폭력을 한번 썼던 것은 사실이나 원인제공은 피고가 아인 원고에게 있음을 참고하여 현명한 판단을 하여 주셨으면 합니다.

6. 따라서, 원고가 피고를 상대로 제기한 접근금지가처분신청은 받아들여지지 않았다는 점, 피고는 원고와 사이가 좋지 않아 잠시 집을 나와 별거를 하고 있을 뿐입니다.

7. 피고가 이혼기각을 한들 무슨 소용이 있겠습니까, 가슴에는 평생 지울 수 없는 서로의 상처만 더욱 깊어 질뿐 아무런 의미가 없다고 생각이 듭니다.

   진심어린 피고의 마음을 원고가 알아주고 원고의 마음이 돌아서야 예전의 부부모습으로 돌아갈 수 있다고 생각합니다,

8. 피고는 원고가 진심으로 개과천선하여 아이들을 생각해서 가정으로 돌아오길 바랄 뿐입니다.

9. 아이들과 어린 딸은 아버지를 존경하며 우리 가정은 아내인 원고가 마음을 바꾸고 돌아오면 예전의 단란한 행복한 모습으로 맞이할 준비가 되어 있으므로 피고 또한 아내를 소중히 생각합니다.

10. 원고를 만나 이혼사유를 들어보니 후일 원고의 부정행위를 거론하며 소란을 피울까봐 걱정되어 이혼해야 한다고 합니다.

    피고의 아내인 원고는 너무 착하고 순진합니다.

    피고도 이제는 원고를 용서했고, 지난 것은 모두 잊고 우리 아이들과 가족을 위해 행복하게만 살기로 했습니다.

마지막으로 원고에게 생각할 시간적인 여유와 진지한 대화를 나눌 수 있도록 부부 상담의 시간을 피고는 요청하는 바입니다,

11. 피고는 저의 소중한 가정을 꼭 책임지고 살리고 싶습니다.

    저를 도와주시기 바랍니다.

    열심히 행복하게 잘 살겠습니다.

○○○○ 년 ○○ 월 ○○ 일

위 피고 : 0 0 0 　 (인)

○○지방법원 가사○단독 귀중

답 변 서

재판장확인
⋯⋯⋯⋯⋯

사건번호 : ○○○○카불○○○○호 채무불이행자명부등재

채 권 자 : ○   ○   ○

채 무 자 : ○   ○   ○

부본영수
⋯⋯⋯⋯⋯

○○○○ 년 ○○ 월 ○○ 일

위 채무자 : ○ ○ ○ (인)

광주지방법원 귀중

답 변 서

사건번호 : ○○○○카불○○○○호 채무불이행자명부등재

채 권 자 : ○   ○   ○

채 무 자 : ○   ○   ○

위 사건에 관하여 채무자는 다음과 같이 답변합니다.

- 다 음 -
신청취지에 대한 답변

1. 채권자의 신청을 기각한다.
2. 소송비용은 채권자의 부담으로 한다.
라는 재판을 구합니다.

신청이유에 대한 답변

1. 이 사건 요지

    채권자는 신청 외 ○○○○ 유한회사(앞으로는 "○○○○"라고 하겠습니다)가 채무자의 주식회사 ○○○(아하 "○○○"라고 합니다)에 대한 카드대금 금 6,998,566원을 양수받아 ○○지방법원 ○○○○차전○○○○호로 지급명령신청을 신청하였고 지급명령정본을 채무자에게 송달하였는데 노모님께서 ○○○○. ○○. ○○.

채무자대신 수령하고 이를 채무자에게 전달되지 않아 이의신청을 하지 못하고 그 무렵 동 지급명령은 확정되었습니다.

그러나 동 지급명령에 대한 청구금액은 카드대금의 원금 1,800,00 0원과 이에 대한 연체이자 5,200,000원을 포함한 6,998,566원을 청구하였던 것인데 이의신청을 하지 못해 청구이의의 소와 준항고 또는 재심청구를 준비하던 중, ○○○로부터 양수받은 ○○○○와 ○○○○. ○○. ○○. 합의하고 이자전액을 감면하되 원금 30%를 감면하여 총 1,350,000원을 분납하기로 약정하고 분납약정기간 중에 ○○○○. ○○. ○○. ○○○○는 의도적으로 채권자에게 재 양도하였던 것입니다.

2. 채권자의 주장

채권자는 채무자와 ○○○○가 분할약정을 체결하고 1,380,000원을 분할납부하기로 한 사실을 인정하면서 채무자가 ○○○○. ○○. ○○. 변제 후 약 7개월 후인 ○○○○. ○○. ○○.을 마지막으로 변제하고 현재까지 변제하지 않아 약정서에 기재된 3개월 연속 입금내역이 없을 경우 실효 처리함에 따라 위 분납약정서는 실효되었다고 주장하고 있습니다.

채권자의 주장에 의하면 모순이 있습니다.

채권자는 구체적인 분납액수와 분납일자를 밝히지 않고 무조건 롯데카드가 채무자를 상대로 한 ○○○○타채○○○○호 채권압류 및 추심명령사건에서 추심한 금 580,472원도 변제충당순서에 의하여 원금이 아닌 이 자금으로 변제하였다고 하면서 채무자와 한 분납약정을 스스로 어기고 지급명령 청구금액인 금 6,998,566원의 전부를 채무자가 이행하지 아니하는 금전채무액이라는 전제하에 이 사건 신청을 한 것입니다.

3. 채무자의 분납

채무자는 ○○○○와의 분납약정에 의하여 꾸준히 이행하여 그 잔액이 50만원도 채 남지 않은 상태에서 ○○○○. ○○. ○○. 채권자가 또 다른 채권추심업체에 넘긴다는 전화가 와서 채무자가 분납할 잔액이 최종적으로 50만원만 변제하는 합의를 다시 하고도 20만원을 변제하였고, 30만원이 남았을 때 실직당하고 30만원을 분납하지 못한 것인데 채권자는 ○○○○타채○○○○호 채권압류 및 추심명령에서 추심한 금 580,472원을 임의대로 이 자금으로 변제하는가하면 분납약정을 어겼다며 지급명령 청구금액인 금 6,998,566원의전액에 대하여 채무자가 이행하지 아니하는 금전채무액이라는 것은 부당합니다.

4. 청구이의의 소 제기

민사소송법 제474조는 확정된 지급명령은 확정판결과 같은 효력을 가진다고 규정하고 있으나 확정판결에 대한 청구이의 이유를 변론이 종결된 뒤에 생긴 것으로 한정하고 있는 민사집행법 제44조 제2항과는 달리 민사집행법 제58조 제3항은 지급명령에 대한 청구에 관한 이의의 주장에 관하여는 위 제44조 제2항의 규정을 적용하지 아니한다고 규정하고 있으므로, 현행 민사소송법에 의한 지급명령에 있어서도 지급명령발령 전에 생긴 청구권의 불성립이나 무효 등의 사유를 채무자로서도 그 지급명령에 관한 청구이의의 소에서 주장할 수 있습니다.

그래서 채무자는 채권자를 상대로 청구이의의 소를 준비하고 있습니다.

채무자로서도 실직상태에서 정말 어려운 경제여건 속에서 30만원을 변제하지 못한 것인데 지연된 이 자금을 포함하여 100만원을 일시불로 융통하여 변제하려고 하였으나 채권자는 이러한 채무자의 간곡한 요청을 아랑곳하지 않고 터무니없는 지급명령 청구금액인 6,998,566원을 내놔라며 배짱을 부리고 있습니다.

5. 결론

그런데 채권자는 위와 같이 지급명령결정정본을 소지하고 있음을 기화로 지급명령정본상의 금 6,998,566원 전액에 대한 변제를 요구하면서 압박을 가하고 있습니다.

사정이 어려워서 30만원을 갚지 못했다고 해서 부당하게 부풀려진 지급명령 청구원금 6,998,566원을 달라고 뒤집어씌우는 것은 너무나 억울한 생각으로 그간의 지연손해금을 포함해 100만원을 어디서 빌려서라도 변제하려한 것인데 이 또한 거절하고 이 사건 신청을 한다는 것은 다 죽어가는 채무자에게 해도 해도 너무한다는 생각으로 선처를 호소하기에 이른 것입니다.

소명자료 및 첨부서류

1. 분납영수증   1통

○○○○ 년 ○○ 월 ○○ 일

위 채무자 : ○ ○ ○   (인)

광주지방법원 귀중

■ 답변서 - 임금청구 지급명령에 대응하여 채무자가 청구기각을 구하는 답변서

답 변 서

재판장확인
. . .
....
......

사건번호 : ○○○○차○○○○호 임금청구

채 권 자 : ○   ○   ○

채 무 자 : ○   ○   ○

부본영수
. . .
....
......

○○○○ 년 ○○ 월 ○○ 일

위 채무자 : ○○○ (인)

00지방법원 독촉계 귀중

답 변 서

사건번호 : ○○○○차○○○○호 임금청구

채 권 자 : ○   ○   ○

채 무 자 : ○   ○   ○

위 사건에 관하여 채무자는 다음과 같이 답변합니다.

- 다 음 -

신청취지에 대한 답변

1. 채권자의 신청을 기각한다.

2. 신청비용은 채권자들의 부담으로 한다.

라는 재판을 구합니다.

신청원인에 대한 답변

1. 채권자는 채무자가 고용한 경비직 근로자였던 사실은 인정하나, 경비노무제공으로
   인하여 청구금액과 같은 미지급된 임금채권이 있다는 주장과 채무자가 아무런 이
   유 없이 이행하지 아니하고 있다는 주장에 대해서는 모두 부인합니다.

2. 채권자는 채무자에 대하여 미지급의 임금채권이 있다고 주장하나 채무자는 채권자

를 채용할 당시 당사자 간의 합의에 따라 체결된 근로계약에 약정된 임금을 전부 지급하였습니다.

다만, 채권자 ○○○의 청구금액 중, 연차수당은 인정하나 월차수당은 개별급여조서에 기재되어 있는 바와 같이 이미 전부 지급된 것입니다.

3. 채권자가 주장하는 임금채권(채권자별 청구금액 표시 참조)은 야간근로수당, 연장근로수당, 특근수당(휴일근로수당으로 보여 집니다)으로 모두 근로기준법이 정하고 있는 이른바 법정수당으로서 이러한 수당은 그 지급사유가 발생하면 채무자가 당연히 지급해야 하는 임금임은 분명합니다.

그러나 채권자가 주장하는 위 법정수당은 당해 근로계약에서 포괄임금제에 의한 임금지급계약[1]을 약정함에 따라 월정임금에 포함되어 이미 지급된 것입니다.

그럼에도 불구하고 이 사건 채권자와 같이 퇴직한 후 이를 청구하는 것은 신의칙에 반할 뿐만 아니라 이러한 행위는 권원 없는 권리행사로서 사회상규에도 반하는 것으로 위법하다고 아니할 수 없습니다.

위와 같은 임금지급계약(포괄임금제)의 관행은 경비업무라는 그에 고유한 성질(감시단속적 근로) 및 정형화된 근로형태(1일 2교대 또는 격일제 근로형태) 그리고 근로시간 계산의 실질적 불가능성 등에서 비롯된 경비용역업체의 일반적인 관행으로서 근로자나 사용자 모두 당연히 받아들이고 있는 것이 사실이며 또한 그렇게 하지 아니하고는 당해 업종을 영위할 수 없다는 것도 역시 현실입니다. 그러

---

[1] 사용자가 근로시간, 근로형태와 업무의 성질 등을 참작하여 계산의 편의와 직원의 근무의욕을 고취하는 뜻에서 제수당산정의 기초가 되는 기본임금을 미리 정하지 아니한 채 제수당을 합한 금액을 월급여액이나 일당임금으로 정하는 내용의 임금지급계약(대법원 98. 3. 24. 선고 96다24699 판결 참조)

므로 채무자의 경우에도 통상의 경비용역업체로서 그러한 관행에 단연히 따라왔던 것입니다.

4. 한편, 경비업무 등 감시, 단속적 근로에 대하여 근로기준법 제61조[2])에서와 같이 근로시간이나 휴일에 관한 규정을 적용하지 않는다함은 결국 연장근로수당 또는 야간근로수당 및 휴일근로수당이 발생하지 않는다는 것을 의미하는 것입니다.

그런데 이 사건 채권자는 경비업무에 종사한 감시, 단속적 근로자임은 분명한 사실입니다. 그러므로 채권자가 이 사건 청구내용과 같이 연장근로수당 및 야간근로수당과 휴일근로수당을 청구하는 것은 위 법조를 몰각한 처사라고 하지 않을 수 없습니다.

물론 채무자가 위 법률의 내용을 인지하지 못하여 노동부장관(지방노동관서)에게 감시, 단속적 근로의 승인신청이라는 행정적 절차를 취하지 아니한 것은 사실입니다만, 그렇다고 채권자가 감시, 단속적 근로자가 아니었다고 할 수는 없는 것입니다.

승인신청을 하였더라면 당연히 승인받을 수 있는 단순한 행정적 절차를 취하지 아니하였다 하더라도 이 사건 채권자는 실질적으로 감시, 단속적 근로자인 사실은 분명한 것이므로 일반 근로자에게 인정되는 연장근로수당, 야간근로수당, 휴일근로수당을 청구하는 것은 심히 부당한 것입니다.

---

2) 그 직종의 고유한 성질을 감안하여 같은 법 제4장 제5장에서 정하고 있는 일반 근로에 적용되는 근로시간, 휴게, 휴일에 관한 규정을 감시 또는 단속적으로 근로에 종사하는 자로서 사용자가 노동부장관의 승인을 받은 자에 대하여는 적용하지 아니한다고 규정하고 있습니다. 이는 경비직종 등 감시, 단속적 근로의 성질상 일반 근로에 적용되는 근로시간이나 휴게, 휴일에 관한 규정을 현실적으로 적용하기 어렵다는 고려에서 입법한 것으로 생각됩니다.

5. 그러므로 채권자의 이 사건 임금청구는 신의칙에 반할 뿐만 아니라 권원없는 권리
   행사로서 사회상규에도 반하는 것으로 부적법하고 또한 부당하다고 하지 않을 수
   없습니다. 따라서 채권자의 이 사건 청구는 마땅히 기각되어야 할 것입니다.

소명자료 및 첨부서류

1. 소 을 제1호증   근로계약서
1. 소 을 제2호증   개인별급여명세서

○○○○ 년 ○○ 월 ○○ 일

위 채무자 : ○ ○ ○ (인)

○○지방법원 독촉계 귀중

답 변 서

재판장확인
. . .
. . . .
.

사건번호 : ○○○○카합○○○○호 접근금지가처분

신 청 인 : ○   ○   ○

피신청인 : ○   ○   ○

재판장확인
. . .
. . . .
.

○○○○ 년 ○○ 월 ○○ 일

위 피신청인 : ○○○ (인)

전주지방법원 정읍지원 귀중

답 변 서

사건번호 : ○○○○카합○○○○호 접근금지가처분

신 청 인 : ○   ○   ○

피신청인 : ○   ○   ○

위 사건에 관하여 피신청인은 다음과 같이 답변합니다.

- 다 음 -

신청취지에 대한 답변

1. 신청인의 신청을 기각한다.
2. 소송비용은 신청인의 부담으로 한다.

라는 판결을 구합니다.

신청이유에 대한 답변

1. 신청인의 주장 요지

　　가. 피신청인은 ○○○○. ○○. ○○. 신청인 ○○○의 소유건물(이하"이 사건 부동산"이라고 하겠습니다)에 들어갔다는 이유만으로 폭행을 당하였고, ○○○○. ○○. ○○. 이 사건 부동산에 피신청인이 CCTV를 설치하지 말라고 한다는 이유로 폭행을 하는 등으로 상해를 입게하여 전주지방검찰청 정읍지청에서 형사합의조정을 권고받아 이에 합의를 해 준 사실이 있다는 주장.

나. ○○○○. ○○. ○○. 신청인과 피신청인 간의 공사대금합의서 작성으로 합의
   를 하여 피신청인이 유치권을 주장하며 점유한 상가를 명도하기로 하여
   내부에 있는 CCTV설비를 철수 해줄 것을 수차례 요구하였으나 바쁘다는
   핑계로 합의서를 불이행하여 이행을 촉구하여 이들로부터 신청인이
   CCTV설비를 철거하여 신청인에게 불편하지 않게 보관해 달라는 요청에
   따라 이를 신청인의 회사 분양사무실에 보관 중에 있었다는 주장.

다. ○○○○. ○○. ○○. 오후 ○○:○○시까지 피신청인이 이 사건 부동산 신청
   인의 분양사무실에 찾아와 아무런 이유도 없이 신청인에게 폭언과 욕설로
   CCTV카메라 어떻게 했냐며 신청인의 멱살을 잡고 주먹으로 얼굴을 가격
   하고 이에 수차례 얼굴과 목을 잡아당기는 등의 폭행을 자행하였다는 주
   장.

라. 피신청인은 고의로 상습적으로 신청인을 폭행과 욕설 및 폭언을 하는 등의 행
   패를 부렸다는 주장을 펼치고 있으나 이는 모두 거짓말입니다.

2. 신청인의 주장에 대한 반론

가. 피신청인은 ○○○○. ○○. ○○. 신청인이 이 사건 부동산에 들어갔다는 이
   유만으로 폭행을 당하였고, ○○○○. ○○.○○. 이 사건 부동산에 피신청
   인이 CCTV를 설치하지 말라고 한다는 이유로 폭행을 하는 등으로 상해
   를 입게하여 전주지방검찰청 정읍지청에서 형사합의조정을 권고 받아 이
   에 합의를 해 준 사실이 있다는 주장에 대한 반론.

○○○○. ○○. ○○. 전주지방검찰청 정읍지청에서의 형사합의조정은 피신청인과 신청인 간의 쌍방 폭행에 의하여 조정을 하게 된 것입니다.

그럼에도 불구하고 신청인은 마치 피신청인에 의하여 일방적인 폭행을 당하였다고 주장하는 것은 사실이 아닙니다.

당시 신청인과 피신청인은 서로 약간의 몸싸움에 의하여 일어난 일이었고 서로 원만하게 합의를 하였는데 이것을 가지고 피신청인이 이전에도 폭행이 있었다고 주장하는 것은 신청인의 주장은 한마디로 거짓말로 둘러대는 억지주장입니다.

나. ○○○○. ○○. ○○. 신청인과 피신청인 간의 공사대금 합의서 작성으로 합의를 하여 신청인이 CCTV설비 철거하여 신청인에게 불편하지 않게 보관해 달라는 요청에 따라 이를 신청인의 회사 분양사무실에 보관 중에 있었다는 주장에 대한 반론.

신청인은 CCTV장비를 철거하여 회사 분양사무실에 보관하였다고 둘러대고 있으나 이는 전혀 사실과 다른 거짓말입니다.

피신청인이 ○○○○. ○○. ○○.에 현장에서 본 CCTV장비는 처마 밑에 아무렇게나 방치되어 있었습니다.

즉, 신청인의 보관 주장은 옳지 않으며 CCTV장비는 보관상태가 아니라 방치하였거나 버려진 상태였습니다.

다. ○○○○. ○○. ○○. 오후 ○○:○○시 피신청인이 이 사건 부동산 신청인의 분양사무실에 찾아가 아무런 이유 없이 신청인에게 폭언과 욕설을 퍼붓고 CCTV카메라 어떻게 했냐며 신청인의 멱살을 잡고 주먹으로 얼굴을 가격하고 이에 수차례에 얼굴과 목을 잡아당기는 등의 폭행을 자행했다는 주장에 대한 반론.

○○○○. ○○. ○○.에 피신청인은 후술하는 바와 같이 합의서에 따라 이행을 하는가에 대하여 궁금증을 가지고 있던 중에 이 사건 현장을 방문하게 되었고, 신청인을 폭행하기 위하여 아무런 이유 없이 현장을 가게 된 것이 아닌 유치권을 임시 해제함으로써 이 사건 현장이 이상 없이 보존되고 있나를 확인하기 위해서 방문하게 된 것입니다.

현장에 보관되어 있어야 할 피신청인의 집기 유체동산 등은 그 형체를 알아보지 못하도록 모두 망가트려 보내왔고, 피신청인의 소유인 에어컨은 그대로 신청인의 분양사무실에서 피신청인의 동의도 없이 무단으로 사용하고 있었습니다.

이에 여러 가지 복합적인 이유로 인하여 신청인에게 욕설을 하였으나, 신청인은 피신청인에게 오히려 "야 이 새끼야 때려봐라"라는 식으로 달려드는 것이었고 이에 울분을 참지 못하고 주먹이 나가고 몸싸움을 하였던 것입니다.

뒤늦게 깨달은 사실이나 이는 다분히 피신청인에게서 폭행을 유도한 신청인의 계략이었습니다.

라. 피신청인은 고의로 상습적으로 신청인을 폭행과 욕설 및 폭언을 하는 등 행패를 부렸다는 주장에 대한 반론.

피신청인이 고의로 상습적으로 신청인에게 폭행과 욕설, 폭언을 하였다고 주장하고 있으나, 피신청인이 살고 있는 주거는 전라북도 군산이고, ○○○○. ○○. ○○. 합의서 작성이후에 이 사건 부동산 현장에 처음 찾아간 것입니다.

이는 합의서 미 이행에 따른 우발적인 폭행이었을 뿐인데 이를 가지고 고의로 상습이라고 표현하는 것은 그 의미상으로도 적절하지 않다 할 것입니다.

3. 합의서상의 이행의무 태만

피신청인은 이 사건 부동산에 공사대금을 지급받지 못하여 신청 외 ○○○과 함께 유치권을 신고하고 행사하여 왔습니다.(소 을제1호증 대법원인터넷 사건검색 참조)

그러던 중, 전 소유자인 신청 외 ○○○과 ○○○○. ○○. ○○.피신청인이 합의서를 작성하였습니다.

합의서 작성 당시 신청 외 ○○○와 피신청인은 합의서 작성 후 2주 이내로 대출을 실행하여 피신청인이 지급받지 못하고 있는 공사대금을 지급한다는 것이었는데 신청 외 ○○○이나 신청인은 대출에 대하여 아무런 연락도 피신청인에게 하지 않았습니다.

그래서 피신청인은 신청인에게 실망감을 가질 수밖에 없었습니다.

4. 결론

전 소유자인 ○○○과 신청인은 위 합의서에 의하여 피신청인이 행사해오던 유치권을 해제하면 2주일 이내에 대출을 받아 공사대금을 지급하기로 하였던 것인데 대출자체를 신청하지 않았습니다.

만일 이유 없는 접근금지가처분이 인용될 경우 피신청인은 위 합의서상의 의무를 태만히 하고 공사대금을 지급하지 않는 전 소유자 ○○○과 신청인에게 합의서에 의하여 점유권을 잠시 해제한 점유권을 회복할 수도 없고 관리할 수 없게 됩니다.

그렇다면 피신청인이 합의서이행을 전제로 유치권에 기한 점유권을 공사대금상환 시까지 해제하였던 것인데 신청인이 공사대금을 지급하지 않아 공사대금을 지급받을 때까지 유치권에 기하여 다시 점유권을 회복하기 위한 피신청인에게 이 사건 부동산의 접근을 할 수 없다는 가처분결정을 내리게 되면 피신청인은 막대한 공사대금을 지급받지 못하는 등 재산권행사에도 심각한 타격을 받을 수 있으므로 이 사건 부동산에 대한 신청인의 접근금지가처분은 불허되어야 마땅한 것입니다.

소명자료 및 첨부서류

1. 소 을제1호증   경매사건검색

1. 소 을제2호증   합의서

1. 소 을제3호증   공사대금내역서

1. 소 을제4호증   유치권신고서

1. 소 을제5호증   유체동산 훼손 현황사진

○○○○ 년 ○○ 월 ○○ 일

위 피신청인 : ○ ○ ○   (인)

전주지방법원 정읍지원 귀중

답 변 서

재판장확인
. . . .

사건번호 : ○○○○가합○○○○호 손해배상(기)

원   고 : ○   ○   ○

피   고 : ○   ○   ○

부본영수
. . . .

○○○○ 년 ○○ 월 ○○ 일

위 피고 : ○ ○ ○   (인)

강릉지원 제2민사부 귀중

답 변 서

사건번호 : ○○○○가합○○○○호 손해배상(기)

원　　고 : ○　　○　　　○

피　　고 : ○　　○　　　○

위 사건에 관하여 피고는 다음과 같이 답변합니다.

- 다 음 -

청구취지에 대한 답변

1. 원고의 청구를 기각한다.
2. 소송비용은 원고의 부담으로 한다.
라는 판결을 구합니다.

청구원인에 대한 답변

1. 피고는 ○○○○. ○○. ○○.부터 원고와 임대차 계약을 체결하고 원고가 소유한 2
   층 건물의 1층 상점에 임차를 한 사실이 있으나 이것이 채무관계가 성립된다고
   볼 수 없거니와, 원인이 밝혀지지 않은 화재로 인한 채무 불이행 위반이라고는
   볼 수 없습니다.

2. 2년 전 이 가게에서 난 불은 건물 밖 주방 외벽 쪽의 물받이에서 작은 불이 나 화
   재가 있었던 것은 사실이나 여기서 주목할 것은 건물 밖 주방 외벽 쪽이라는 점
   입니다. 이것은 제3자의 방화가능성을 간과 할 수 없으며 주인의 주의의무 범위

를 벗어난 것이라고 볼 수 있습니다.

가게 주인이라고 하여 모든 일을 도맡아 할 수 없기에 자신의 일을 대리로 맡기기 위하여 종업원을 고용한 것이고, 화기 단속 업무에 대해 자신의 의무를 대신할 종업원에게 지속적이고 특정적인 주의를 주었음으로 직접적으로 화기 단속업무를 하지 않았다 하더라도, 피고가 주의의무를 다하고 있었다고 볼 수 있습니다.

밤 3시경 피고가 임차한 상점의 주방부근에서 화재가 나 건물과 가재도구가 불타고 소외 ○○○가 심한 화상으로 인해 사망한 것은 사실이나 정확한 화재의 원인이 밝혀지지 않았습니다.

정확한 원인의 소지가 피고의 부주의 인지 밝혀지지 않은 와중에 과도한 청구와 소송 등으로 인한 심리적 압박은 자신의 가게를 잃은 피고에게 가혹하며 부당합니다.

3. 피고는 원고와 임대차 계약을 하여 임차 건물을 인도하기 까지 선량한 관리자의 주의로 보존하여야 하는 의무가 있다고 주장하나 임차인이라고 하여 건물에 관한 모든 일에 대해 선량한 관리자의 의무가 있는 것은 아닙니다.

자신의 일을 대리로 맡기기 위하여 종업원을 고용한 것이고, 화기 단속 업무에 대해 자신의 의무를 대신할 종업원에게 지속적이고 특정적인 주의를 주는 등 피고는 자신이 할 수 있는 선에서 최선의 관리자의 의무를 다했습니다.

4. 이와 같은 이유로 원고의 청구와 청구금액은 부당하기 때문에 원고의 청구의 가집행은 소송이 종결되는 시점까지 연기되고, 원고의 청구는 기각되어야 할 것입니다.

소명자료 및 첨부서류

1. 을 제1호증   형황사진

○○○○ 년 ○○ 월 ○○ 일

위 피고 : ○ ○ ○   (인)

강릉지원 제2민사부 귀중

답 변 서

재판장확인
. . .   .

사건번호 : ○○○○비합○○○○호 임시주주총회소집허가

신 청 인 : ○   ○   ○ 외5

부본영수
. . .   .

피신청인 : 주식회사 ○○○○○

○○○○ 년 ○○ 월 ○○ 일

위 피신청인 : 주식회사 ○○○○○ (인)

○○지방법원 제○민사부 귀중

답 변 서

사건번호 : ○○○○비합○○○○호 임시주주총회소집허가

신 청 인 : ○   ○   ○ 외5

피신청인 : 주식회사 ○○○○○

위 사건에 관하여 사건본인의 소송대리인은 다음과 같이 답변합니다.

- 다 음 -
신청취지에 대한 답변

1. 신청인의 신청을 기각한다.
2. 신청비용은 신청인의 부담으로 한다.
라는 판결을 구합니다.

신청이유에 대한 답변

1. 소외 ○○○과 소외 ○○○ 간의 주식양수도계약체결 및 소외 ○○○에게 사건본인 회사의 주식에 대하여 근질권을 설정하여 주게 된 경위.

가. 사건본인 회사 대표이사인 소외 ○○○의 "○○○아일랜드"사업시행

사건본인 회사의 대표이사인 소외 ○○○은 ○○○○. ○○.경 강원도 춘천시 서면 ○○리 ○○○-○○○ 일원에 있는 위도의 섬 전체에 지하 7층 지상 20층에

요트를 컨셉으로 하는 최고급 수상관광리조트 이였으나 "○○○아일랜드"로 개발하기 위한 사업을 계획하고 토지매입작업을 진행하는 한편, ○○○아일랜드의 시행자금을 마련하기 위하여 (주)부산제2저축은행으로부터 대출받아 부지조성작업 등을 진행하면서 ○○○아일랜드의 회원들을 모집하기 위한 홍보를 위하여 ○○○○. ○○. 춘천시내에 전시관을 준공하고 서울 강남구 삼성동 ○○○아일랜드 전시관을 준공하는 한편, 인허가작업을 진행하여 ○○○○. ○○. ○○. 사업계획을 승인완료받고 ○○○○. ○○. ○○. 건축심의를 완료하고, ○○○○. ○○. ○○. ○○○아일랜드에 대한 건축허가를 각 완료받았습니다.

나. 부산저축은행의 영업정지 및 파산으로 인한 자금경색으로 말미암은 ○○○아일랜드의 사업부진

소외 ○○○이 위와 같이 부산저축은행으로부터 PF자금을 대출받아 ○○○아일랜드 사업을 진행하던 중 ○○○○. ○○. ○○. 부산저축은행이 영업정지를 당하여 파산을 하게 되는 등 저축은행부도사태로 인하여 사업시행에 필요한 자금유입이 막히게 되었습니다.(부산저축은행의 PF대출금채권은 예금보험공사로 이전됨-소을제6호증 인증서 참조)

그와 함께 위 춘천 및 삼성동 ○○○아일랜드 전시관을 통한 글로벌아일랜드의 회원모집도 기대와는 달리 회원모집이 잘되지 않아 모집회원들을 통한 자금확보도 여의치 않았습니다.

부산저축은행으로부터 자금유입이 막히고 회원모집을 통한 자금화고도 여의치 않아 소외 ○○○은 글로벌아일랜드 사업을 진행하여 나갈 자금이 부족한 상태가 되어 사업의 진행이 어려운 처지가 되었습니다.

다. 소외 ○○○의 소외 ○○○의 접근
그러던 중 ○○○○. ○○. ○○.경 소외 ○○○이 자신과 현대스위스저축은행 등

금융기관과의 친분관계를 과시하면서 ○○○아일랜드 사업시행에 필요한 자금을 조달하여 줄 수 있다면서 소외 ○○○에게 접근하였습니다.

그러면서 소외 ○○○은 ○○○아일랜드의 회원권이 성공리에 분양이 되려면 위 춘천 및 삼성동에 있는 전시관만으로는 안 되니 자신의 오랜 지인인 소외 ○○○이 100%주주 대표이사로서 경영하고 있는 ○○○개발(주)가 외식업체를 보유하고 있는데 위 회사를 매입하여 ○○○아일랜드의 홍보관으로 개조하여 회원들을 모집하면 홍보 효과가 훨씬 더 커서 100% 회원모집에 자신이 있다고 주장하면서 위 회사가 보유하고 있는 업체를 현대스위스저축은행 등 금융기관에서 100억 원의 대출을 받을 수 있는데 100억 원을 대출받으면 근저당권을 설정하고 있는 근저당권자인 소외 ○○○에게 70억 원을 계약금으로 주어 근저당권을 말소하고 나머지 30억 원은 ○○○아일랜드의 사업시행자금으로 사용할 수 있다면서, ○○○개발(주)를 150억 원에 매입하자고 하였습니다.(소을제9호증의 1, 2, 각 등기부등본)

당시 글로벌아일랜드의 회원모집의 부진과 사업추진에 필요한 자금의 부족에 시달리고 있던 소외 ○○○은 사업시행자금을 조금이라도 확보할 수 있다는 소외 이준행의 말에 솔깃할 수밖에 없었습니다.

라. 소외 ○○○과 ○○○의 주식양수도계약체결 경위 및 주식양수도계약의 내용

위와 같은 경위로 소외 ○○○은 소외 ○○○로부터 ○○○개발(주)와 위 회사 소유의 부동산을 인수하기로 하였습니다.

그런데 소외 ○○○은 자신이 오랫동안 사귀어온 지인인 소외 ○○○을 계약당사자인 양수인으로 하고 주식양수도계약의 체결 즉시 소외 이준행을 위 회사의 대표이사로 변경한다는 조건으로 계약을 체결하지 않으면 위 회사를 양도하지 못하겠다고 하였습니다.
소외 ○○○은 소외 ○○○의 위와 가은 요구가 부당하였지만 소외 이준행이 소

외 ○○○을 소개하였고, 소외 ○○○이 위 회사를 이용하여 금융기관으로부터 100억 원의 자금을 대출받으려면 금융기관에 소외 이준행이 회사의 대표이사가 되어 회사를 운영하고 있다는 것을 보여주어야 하기 때문에 소외 ○○○이 대표이사가 되어야 한다고 하여 어쩔 수 없이 소외 ○○○과 소외 ○○○의 요구에 따라 위 회사를 소외 ○○○을 양수인으로 하였고, 사건본인 회사의 주식질권설정이나 부동산에 대한 근저당권설정 등 담보제공도 위 100억 원의 자금을 대출받으면 당연이 말소하는 것이라고 생각하고 다만, 회원권 분양을 위해서는 위 회사의 상호를 ○○○아일랜드 주식회사로 변경하고 위 외식업체를 홍보관으로 바꾸는 공사가 필요하므로 계약즉시 리모델링공사 등을 하는 조건으로 소외 ○○○으로부터 위 회사를 인수하는 주식양수도 계약을 체결하게 되었습니다.

2. 소외 ○○○의 주식양수도계약의 해지

가. 소외 ○○○의 부동산을 담보로 한 대출작업 진행의 중지

소외 ○○○은 위와 같이 주식양수도계약을 체결한 다음 현대스위스저축은행 등 금융기관에 위 선박들을 담보로 한 대출을 추진하였습니다.

그런데 위 부동산의 담보만 가지고는 대출이 쉽지 않자 소외 ○○○은 추가보증을 요구하여 소외 ○○○은 위 회사들로 하여금 추가보증을 하도록 하였습니다.

그러나 위 부동산은 감정가격이 20억 원 상당에 불과하고 영업권은 수익이 없이 감정가액조차 산정할 수 없었습니다. 추가보증으로도 대출을 40-50억 원 정도 이상 받을 수 없다고 하였습니다.

그러자 소외 ○○○은 위 부동산을 담보로 대출을 받지 말라고 하면서 대출작업의 진행을 중지시켰습니다.

나. 소외 ○○○의 주식양수도계약의 해지

소외 ○○○은 위와 같이 대출작업을 중지시키면서 ○○○개발(주)의 상호를 원래대로 변경하고 대표이사도 소외 ○○○에서 소외 ○○○로 원래대로 변경하라고 요구하였습니다.

이에 소외 ○○○은 ○○○○. ○○. ○○. ○○○아일랜드(주)로 변경하였던 상호를 ○○○개발(주)로 변경하였고, 대표이사를 소외 ○○○에서 소외 ○○○로 변경하여 주었습니다.(위 소을제19호증 법인등기부등본(○○○개발 주식회사)

그런 다음 소외 ○○○은 소외 ○○○ 등이 위 주식양수도계약에 따른 의무를 이행하지 않았다는 이유로 ○○○○. ○○. ○○. 위 주식양수도계약을 해제하였습니다(소을제22호증 계약해제통고서)

소외 ○○○의 위와 같은 계약해제통고에 따라 많은 인력을 투입하고 공사업체를 투입하였던 소외 ○○○과 임직원들은 막대한 손해를 입고 철수할 수밖에 없었습니다.

다. 소외 ○○○의 사번본인 회사의 주식에 대한 근질권의 실효

소외 ○○○의 ○○○○. ○○. ○○. 위 주식양수도계약의 해제로 인하여 위 주식양수도계약에 따라 계약 당일인 ○○○○. ○○. ○○. 체결된 사건본인 회사의 주주인 ○○○, ○○○, ○○○의 각 주식에 대한 주식근질권설정계약도 당연히 해제되어 실효되었다고 할 것이고 주식근질권설정계약서 에 처무된 위 ○○○ 등의 주식처분위임장도 당연히 실효되었습니다.

신청인은 위 ○○○ 등 사건본인의 주주들이 소외 ○○○과 소외 ○○○ 간의 위 주식양수도계약에 따른 소외 ○○○의 채무 등을 담보하기 위하여 ○○○○. ○○. ○○. 소외 ○○○에게 그 보유주식 전부에 대하여 근질권을 설정하여 주

고 주식처분위임장을 작성해주었다고 주장하나, 이는 전혀 사실이 아닙니다.

위 ○○○ 등 사건본인의 주주들이 소외 ○○○에게 근질권을 설정하여 준 것은 위 주식양수도계약서 제4조(1)항에서 보는 바와 같이 위 주식양수도계약서의 [제3조에 따른 양도대금의 지급을 보장하기 위하여]근질권을 설정하여 준 것입니다.

위 주식양수도계약서의 어디에도 소외 ○○○의 채무 등을 담보하기 위하여 소외 ○○○에게 근질권을 설정하여 준다는 내용은 찾아볼 수가 없는바, 신청인의 위 주장은 전혀 사실에 부합하지 않는 허위의 주장입니다.

라. 신청인들은 사건본인 회사의 정당한 주주가 아님

앞서 본 바와 같이 위 주식양수도계약의 해제에 따라 소외 ○○○은 사건본인 회사의 근질권자가 아니므로 사건본인 회사의 주식을 처분할 적법한 권원이 없습니다.

따라서 사건본인 회사의 주식을 처분할 적법한 권원이 없는 소외 ○○○은 사건본인 회사의 주주인 ○○○, ○○○, ○○○을 대리할 권한도 없습니다. 그러므로 위 ○○○, ○○○, ○○○을 대리한 소외 ○○○로부터 사건본인 회사의 주식을 매수하였다고 주장하는 신청인들은 원인무효인 주식매수계약에 따라 주식을 매수한 것이어서 전혀 주식을 취득한 바가 없으므로 사건본인 회사의 정당한 주주가 아닙니다.

마. 소외 ○○○의 소외 ○○○에의 채무에 대한 의문

나아가 신청인은 소갑 제5호증의 조정조서(○○지방법원 2013가합○○○○호 손해배상소송사건에서 조정으로 확정)를 근거로 소외 ○○○이 소외 ○○○에게 40억 원의 채무를 부담하고 있다고 주장하고 있으나 과연 소외 ○○○이 소외 ○○○에게 그와 같은 채무를 부담하고 있는지 여부에 대하여 의문이 들지 않을 수 없습니다.

소외 ○○○은 위 손해배상소송사건에서 위 주식양수도계약 제5조(3)항에 따라 원상회복비용 등으로 5,260,745,790원의 손해를 보았다고 소를 제기하였다가 아무런 재판 없이 단한번의 조정으로 무려 1,260,7 45,790원이라는 거액을 감액한 4,000,000,000원에 조정한 것에 비추어 볼 때 과연 위 원상복구비용이 그와 같은지는 의문입니다.(소을제23호증의 1, 2 각 나의 사건 검색)

3. 본건 임시주주총회소집요구는 정당성이 없음

이상에서 본 바와 같이 신청인들은 사건본인 회사의 주주가 아니므로 신청인들의 본건 임시주주총회소집허가신청은 지격 없는 자에 의한 것이므로 그 정당성이 결여되었습니다.

또한 신청인들의 본건 임시주주총회집허기신청은 ① 객관적으로 총회소집의 이유가 없고, ② 총회소집을 허가할 경우 사건본인 회사로서는 더욱 복잡하고 심각한 법률적 분쟁을 야기할 것이 명백하여 총회를 소집하는 것이 오히려 너무나 유해한 결과를 초래하고, ③ 신청인들이 사건본인 회사의 주주가 아니므로 소집허가신청이 받아들여진다고 할지라도 결의의 효력을 둘러싸고 새로운 분쟁이 생겨 결과적으로 사건본인 회사에 현저한 손해를 야기하게 됩니다.

4. 결어

이상에서 살펴본 바와 같은 이유로, 신청인들의 본건 임시주주총회소집허 기신청은 기각되어야 마땅합니다.

소명자료 및 첨부서류

1. 소을제1호증   주식양수도계약서
1. 소을제2호증   주식근질권설정계약서
1. 소을제3호증   주주명부
1. 소을제4호증의 1 내지 3   각 주주권행사대리의 위임장
1. 소을제5호증의 1 내지 3   각 주식처분위임장
1. 소을제6호증   합의서
1. 소을제7호증   계약해제통고서
1. 소을제8호즈의 1 내지 2   각 나의 사건 검색

○○○○ 년 ○○ 월 ○○ 일

위 피신청인 : 주식회사 ○○○○○   (인)

○○지방법원 제○민사부 귀중

답 변 서

재판장확인
． ． ．
．．．．．．．．．．．．．．．．

사건번호 : ○○○○드단○○○○호 이혼 등

원 고 : ○   ○   ○

피 고 : ○   ○   ○

부본영수
． ． ．
．．．．．．．．．．．．．．．．

○○○○ 년 ○○ 월 ○○ 일

위 피고 : ○ ○ ○ (인)

청주지방법원 가사3단독 귀중

답 변 서

사건번호 : ○○○○드단○○○○호   이혼 등

원   고 : ○   ○   ○

피   고 : ○   ○   ○

위 사건에 관하여 피고는 다음과 같이 답변합니다.

- 다 음 -

청구취지에 대한 답변

1. 원고와 피고는 이혼 한다.

2. 소송비용은 피고의 부담으로 한다.

라는 판결을 구합니다.

청구원인에 대한 답변

1. 가. 항목에 대한 답변입니다.

원고와 피고는 원고의 외사촌언니 형부의 중매로 만나 ○○○○. ○○. ○○. 혼인 신고를 마치고 ○○○○. ○○. ○○. 결혼식을 하여 지금까지 살아왔으며 원고와 피고 사이에는 자녀는 없습니다.

피고는 공익요원으로서의 군복무를 충실히 수행하고 산업일선에서 일하다가 장애를 입어 현재의 지체장애 2급으로 생활하고 있지만 낙심치 아니하고 성실히 직장과 충실한 가정생활을 이루어 나가고 있습니다.

피고는 처음부터 피고의 이러한 장애상태를 보여주면서 밝힌바 있었고 그러한 까닭에 남들보다 돈벌이가 적으며 어머니와 함께 살고 있다고 원고와 원고의 오빠에게 분명히 밝힌바 있습니다.

원고는 아이를 못 낳는다는 이유로 한국 생활을 모른다는 이유로 피고에게 "인격을 모독당하였다 고" 주장 하는데 피고는 전혀 그러한 사실이 없습니다.

원고와 피고 간에 아이가 없는 것은 사실이지만 원고가 말하는 5년이 지나도록 아이가 없어 고민을 해오다 병원 등을 다니며 온갖 노력 다했다는 이야기는 순서가 뒤바뀐 것으로 사실은 이렇습니다.

원고와 피고는 원고의 입국 후 1년이 지나도록 아이가 없자 원고 스스로 원고의 중국인 친구들의 권유로 병원 등을 다니며 정부에서 지원해주는 시험관아기 정보를 받아와 원고와 피고의 협의동의아래 광주시엘 병원에서 시험관아기시술을 두 번 한 적이 있었고 그밖에도 노력한 사실이 있었으나 이 모두가 우리의 노력한 만큼 성공하지 못했습니다.

피고는 원고에게 또한 피고의 어머니는 원고에게 "아이는 사람의 힘으로 할 수 없으니 하늘에서 내려주는 것이니 그러느니 하면서 둘이 잘 살면 된다." 고 원고의 부담을 덜어 주었을 뿐인데 무엇을 무시하며 인격을 모독했다고 하는지 도무지 알 수가 없습니다.

더군다나 원고가 주장하는 "○○○○년 여름이라고"한다면 원고와 같이 원고의 중국 큰올케 초상으로 중국에 다녀온 바로 다음 달로서 서로간의 신뢰가 가장 좋았던 시기였고 피고는 원고의 가슴에 심장수술 흉이 보이는 것이 안타까워 월 100만원 벌이밖에 안 되는 현실 속에서도 원고를 배려하여 원고에게 80만원상당의 피고의 을 제4호증 "금목걸이와 메달"을 사준시기가 바로 ○○○○년 여름이라고 한다면 원고의 주장은 전혀 사실무근인 것입니다

또한 그 당시 원고를 양귀비꽃으로 비유하여 사랑을 표현했던 피고의 을제8호증 피고의 "양귀비꽃 예찬론"을 보면 피고의 원고에 대한 심리상태가 잘 나타나 있는데 그 어디에도 원고를 모독하거나 무시하는 심리적인 흔적은 전혀 찾을 수가 없기에 원고의 주장은 무의미하는 것이며 또한 원고 스스로가 청주지방검찰청이 선정한 다문화여성 인권지킴이로 활동하고 있었기 때문에 인격을 모독당했다는 주장은 전혀 맞지 않습니다.

다만 원고 스스로가 자궁기형으로 자궁이 없어 ○○○○년 ○○월 254만원을 들여 청주기독 병원에서 자궁근종(자궁기형뿔) 제거수술을 받은 사실로 인하여 그동안 자격지심을 가졌는지는 모르겠으나 원고와 피고 간에 아이 문제로 다툰 적은 단 한 번도 없습니다.

2. 나. 항목에 대한 답변입니다.

피고는 원고를 한국생활에 적응시키기 위해서 집안에만 가둬두지 않고 친구들 모임이나 각종 행사에 동반했던 것은 사실입니다 그러나 친구나 대중적인 좌석에서 모임의 흐름에 따라 원고의 질문을 귀담아 듣지 않고 무시한 적은 있었는지 모르겠지만 원고에게 원고가 주장하는 어떠한 "모욕적인 언행을" 한 사실이 없습니다.

원고가 말하는 "아이가 없으니 살 재미가 없다"는 말은 원고 뿐 아니라 피고에게도 커다란 아픔이기에 피고 스스로가 원고에게 그러한 말을 한 사실이 없으며 친구들이 걱정이 되어 자주 물어보는 통에 쉽게 넘어가려고 어떠한 말을 했는지는 알 수 없지만 원고를 겨냥하여 모욕적인 말을 한 적은 전혀 없습니다.

더군다나 원고가 주장하는 "○○○○. ○○. ○○. 토요일"이라는 날은 존재하지가 않습니다.

○○○○. ○○. ○○.은 금요일로서 음력으로 ○○월 ○○일 피고의 부친기일이라는 점과 ○○월 ○○일 토요일은 ○○○○년이 아니라 ○○○○. ○○. ○○.에 존재한다는 사실과 친구들 모임은 하나밖에 없으며 매월 마지막 주 토요일이라는 점을 감안한다면 원고의 주장은 전혀 신빙성이 없는 답변할 가치도 없는 것입니다.

오히려 원고의 외사촌언니 되는 사람이 원고와 피고가 아이를 가지려고 병원에 그렇게 다녔는지를 알고 있으면서도 원고의 외사촌언니 되는 사람은 원고에게 "○○야 신랑 돈도 못 버는데 아이 가져서 어떻게 하려고 몸도 불편하고 돈도 벌지 못하는데"하면서 원고와 피고의 아이 갖는 것을 모독하며 방해했을 따름입니다.

3. 다. 항목에 대한 답변입니다.

원고는 피고가 ○○○○년 ○○월부터 원고와 사는 재미가 없다면서 자주 술을 마시고 들어 왔고 원고가 자제를 부탁하자 원고와 언쟁을 하여 그때부터 한집에 살면서 "각방을 사용했다는" 원고의 주장은 전혀 사실과 다릅니다.

피고는 영업용 택시 기사로서 격주로 주야 12시간씩 일주일 일하고 그 다음날 하루 쉽니다.

그 쉬는 날도 격주로 하여 한번은 택시 정비 점검하는데 사용되는데 그러던 날이면 바로 새벽 ○○시에 출근해야 하므로 술을 먹을 수가 없으며 한 달에 한번 모이는 친구들 모임에 가서도 쉬는 날이 맞지 않아 술 마실 기회는 1년에 불과 3~4회에 불과하고(실제론1~2회였음), 원고도 알다시피 새벽5시에 출근하여 오후 5시에 돌아오거나 오후 5시에 출근하여 새벽5시에 들어와 집에서 식사를 하였는데 자주 술을 마시고 들어왔다는 등의 원고의 주장은 전혀 맞지가 않습니다.

피고가 퇴근시간을 한번이라도 틀린 적이 있으며 피고가 단 한번이라도 밖에서 밥을 사먹고 들어온 적이 있었는지 묻고 싶습니다.

그리고 "각방을 사용한 사실이 있었는데 약 3개월이 넘었다는" 원고의 주장은 전혀 다릅니다.

피고의 을 제5호증 "○○월○○일 내용을" 살펴보면 언쟁이 있었던 사실은 ○○○○년이 아니라 ○○○○. ○○. ○○. 저녁 이날은 한 달에 한 번 있는 마지막 주 넷째 주 토요일 친구들 모임으로 피고의 친구 집 집들 이겸 계모임 후 집으로 돌아오는 길 버스 안에서 원고는 피고가 원고의 아버지에게 욕을 했다면서 주먹으로 피고의 얼굴을 두 번 때렸습니다.

피고는 순간 정신이 번쩍 들었고 내가 언제 그러했는가 생각해 봤습니다. 하나님을 믿는 믿음에 비유로서 그 믿음을 설명하면서 잠시 원고의 아버지에 대한 틀린 부분이 무엇이냐고 틀린 부분을 예로 들었던 적이 있었을 뿐인데 피고는 그때부터 주먹으로 두 대 얻어맞고부터 기분이 몹시 상하여 말을 하지 않았던 것은 사실입니다 원고가 피고인 남편을 어떻게 생각하기에 남편의 얼굴을 주먹으로 내리쳤을까 속상해 있었던 것입니다 그것도 버스 안에서 말입니다.

그러나 ○○월 ○○일부터 ○○월 ○○일까지는 구정 설 연휴였고 ○○월 ○○일은 피고의 아버지 제사가 있었으며 ○○월 ○○일은 마지막 주 넷째 주 토요일로 피고의 집에서 친구들 모임이 있었으니 준비하고 형제들 맞이하고 보내는 시간을 제외한 나머지 시간은 사실상 대화가 매끄럽지 못했지만 각방은 쓰지 않았고 굳이 서로간의 배려를 위해 서로 거실을 사용했던 그 기간을 조각조각 합하여도 불과 ○○여일도 안 되었습니다.

4. 라. 항목에 대한 답변입니다.

원고는 피고가 원고의 형부에게 3개월 이상 각방을 쓰고 있다고 이야기 하자 원고의 형부와 외사촌언니가 "그렇게 어떻게 사느냐 서로 재미있게 살아야지"하며 피고에게 말하며 화해시키려고 했다는데 이러한 주장은 전혀 사실과 다릅니다.

피고는 ○○○○. ○○. ○○. 이후 이러한 상태가 한 달 정도 지속되고 있는 상태에서 원고는 피고에게 "여보 미안해요 내가 모르고 당신을 때렸어요. 당신을 사랑해요"라는 단 한마디의 말도 없는 생활이 지속되기에 이래서는 안 되겠다는 생각이 들어서 이 문제를 해결하려고 ○○○○. ○○. ○○. 원고에게 원고가 제출한 갑 제6호증 "피고의 편지" 1쪽의 "무엇이 문제인가"라는 글을 적어 주면서 무엇이 문제인지 원고의 목사님과 상담해 보라고 말했었는데 그 다음날 ○○월 ○○일 저녁 원고의 외사촌언니와 형부 되는 사람이 딸기를 사들고서 찾아 왔습니다.

피고의 을 제5호증 "○○월 ○○일 내용을" 살펴보면 원고의 외사촌언니라는 사람은 대뜸 들어오자마자 "○○가 무엇을 잘못했는데 ○○가 무엇을 잘못했는데.. ○○야 이래가지고 어떻게 살려고 하느냐.. 중국에 가거라." 했습니다. 그러자 원고는 응원군을 만난 것처럼 생전 처음 듣는 전혀 사실과 다른 불평불만들을 쏟아 붙기 시작했습니다.

그러한 상태에서 분을 참으려고 찬물을 한잔 마시던 피고는 더 이상 들을 수가 없어 순간 물 컵을 TV에 던졌던 것입니다 그리고 나서 피고가 원고의 형부와 외사촌언니 되는 사람에게 자초지정을 설명하니 그때서야 사태를 파악한 원고의 외사촌언니 되는 사람은 "원고 성질이 못돼서 그러니 참고 살라며" 돌아갔을 뿐이지 원고의 형부와 외사촌언니 되는 사람이 찾아와 피고에게 "그렇게 어떻게 사느냐 서로 재미있게 살아야지"라 먼저 말했다는 원고의 주장은 전혀 사실과 다르며 오히려 그들이 다녀간 다음날부터 원고와 피고간의 냉전이 있어 정말로 10여 일간 각방을 쓴 적과 2월 달의 조각조각 합한 10여일을 합한다 해도 20여일에 불과 하는데 3개월 동안 각방을 썼다는 말은 터무니없는 주장이며 전혀 이치에 맞지 않는 사실과 다른 주장인 것입니다

오히려 원고의 형부와 외사촌언니 되는 사람은 원고와 피고와의 관계를 더욱 심화시키고 갈리게 한 장본인 들인 것입니다

원고와 그 외사촌형부 되는 사람은 별거 3개월이라는 차선의 방법을 만들어내기 위해서 ○○월 ○○일 이후 3~4개월이 지나간 지금 상황에서야 소장을 제출 한 것이며 피고는 이러한 관계를 원치 않아 4월 19일 협의이혼의사 확인하는 날 협의이혼의사가 없음을 분명 밝혔으며 원고와 화해하기 위해서 노력 하였는데 원고는 유일한 연락수단 전화번호를 ○○월 ○○일 ○○시 ○○분경 피고의 을 제10호증 "수신메세지"을 보면 "지금부터 이 전화번호 안 쓰니까 해제 하세요"라는 마지막 문자로 고의적으로 끊어 버렸던 것입니다

그래도 피고는 ○○월 ○○일 원고가 제출한 갑 제6호증 "피고의 편지"들을 우편으로 발송했으며 5월 29일 피고의 을 제11호증 "6.2지방자치선거 홍보물"을 피고에게 가져다주었으며 또한 6월 23일 원고의 친언니 영순 언니에게 피고의 을 제12호증 "처형"이라는 편지와 월드컵 붉은 악마 티셔츠를 가져다 준 사실이 있으며 그 후에도 ○○월 ○○일 까지 원고의 소장을 송달받기 직전까지 원고와 공유하는 원고의 불로그에 계속 우리의 사랑은 유효 하다는 피고의 을 제7호증 "아직도 못 다한 말 못한 이야기"라는 글을 올렸던 사실을 참고하신다면 피고는 별거를 원치 않음을 잘 아실 것입니다.

5. 마. 항목에 대한 답변입니다.

그 후 ○○○○. ○○. ○○. 오후의 일들은 이렇습니다.

피고의 을 제5호증 "○○월 ○○일과 ○○월 ○○일 ○○월 ○○일 내용을" 살펴보면 ○○월 ○○일 원고의 형부와 외사촌언니 되는 사람이 다녀간 후 원고와 피고 간에는 정말로 ○○여일 가량의 냉전이 있어서 각방을 사용했으며 그 후 서로 그 벽을 허물고 있었습니다.

그리고 ○○월 ○○일 저녁 피고는 원고에게 약 ○○개월 동안 불편했던 상태를 잘 해결해 보려고 이런저런 설명을 해주면서 그 간의 사랑싸움을 회복하려는 대화를 위해 노력하고 있었습니다.

원고가 제출한 갑 제6호증 "피고의 편지" 10쪽 상단의 "○○월 ○○일 내용"과 피고의 을 제3호증 "통화내역" 시간대를 조합하여 살펴보면 "당신과 나는 부부이니 상관없지만 어머니는 무슨 죄냐 어머니를 모시고 살면서 어머니께 불편을 끼쳐드렸으니 우리가 어머니께 용서를 빌고" 화목하게 살자고 원고에게 말하자 원고는 "내가 무엇을 잘못했는데"라고 말하면서 또다시 준비라도 해놓은 듯이 걷잡을 수없는 불만들을 털어 놓기 시작 했습니다.

놀라 거실로 나오신 피고의 어머니 앞에서 꼿꼿이 고개를 쳐들고서 전혀 사실과 다른 시누이 등의 일들을 거론하면서 버럭버럭 악을 쓰면서 말입니다

그만 하라는 피고의 만류에도 아랑곳 하지 않고 폭포수처럼 솟아 부었습니다. 피고는 그러한 원고의 입을 막으려고 원고에게 순간 손찌검을 했었습니다. 난생처음 행하여졌던 손찌검에 피고의 어머니는 원고에게 손대지 말라고 "○○야 손대지 마라 손대지 말라고" 피고를 붙드셨고 그 후 피고의 어머니는 놀라 한밤중에 집을 나가셨습니다.

피고의 어머니가 집을 나가신 후 ○○시 ○○분경 피고는 원고에게 다시 말했습니다.

우리의 싸움은 사랑싸움이니 상관없지만 어머니는 무슨 죄냐 어머니 오시면 잘 못했다고 용서를 빌어라 오늘이 지나면 힘들어 진다고 사정하면서 놀라 나가신 어머니가 학교 운동장에 있을지 모르니 놀이터 등을 찾아보라고 원고를 내보낸 후에 ○○월 ○○일 새벽 ○○시○○분부터 ○○시○○분까지 피고의 여동생들에게 전화를 하여 확인해 보니 피고의 여동생으로부터 아파트 앞에 어머니와 함께 있다는 연락을 받고 피고는 원고에게 아파트 앞에 계시다고 하니 가서 모시고 오라고 말하고 기다리고 있는데 원고 혼자서 올라 왔습니다.

왜 혼자 올라오느냐고 했더니 원고는 어머님이 동생 차에 타고 갔다고 말했습니다.

○○시○○분 피고가 여동생에게 화를 내면서 빨리 어머니 모시고 들어오지 못하고 무엇하고 있느냐 말했더니 피고의 여동생은 어머니가 놀라 추워하시기에 차안에서 이야기 좀 하고 있다고 말했습니다.

그 틈 ○○분 동안에 피고와 원고 간에 다툼이 있었는데 피고는 을 제1호증 "피고의 사진"과 같습니다.

원고는 피고의 얼굴을 두 번 할 끼었고 피고는 그러한 원고로부터 피하려고 원고를 침대로 밀었습니다.

그런 후 ○○시○○분경 피고의 어머니가 피고의 여동생과 현관에 들어오는 소리를 듣자마자 원고는 피고의 어머니를 밀치고 밖으로 뛰쳐나갔던 것입니다

아무리 연락을 해도 연락이 안 되자 원고에게 ○○시○○분 원고가 제출한 갑 제5호증 "메시지"등을 보냈던 것입니다 도무지 원고는 피고의 말을 믿거나 듣지도 않으니 원고가 사람으로 생각하는 믿을 만하는 원고의 교회목사님에게 상담을 받아 보자고 말입니다

그래도 원고로부터 연락이 없자 ○○월 ○○일 오후 ○○시경 원고의 형부라는 사람에게 자초지정을 말하려고 찾아가 전화가 안 되어 문자를 남기고 오는데 ○○시 ○○분경 원고의 형부로부터 전화가 와 받고서 자초지정을 말하려고 하는데 원고의 형부는 대뜸 원고의 행동이 정당하다는 듯이 "○○가 무엇을 잘못했는데 무엇을 잘못했는데.."하여 나는 전화를 끊어 버렸습니다.

그러한 까닭에 원고가 주장하는 상황증거는 무엇인가 빠져있는 뒤죽박죽된 것으로 또한 원고가 제출한 갑 제8호증 "상담자확인서"에서의 "○○월 ○○일 상황

”또한 이러함과 같습니다.

피고는 원고에게 폭행한 사실에 대해서 ○○월 ○○일 저녁 ○○시 ○○분부터 ○시간○분 동안의 긴 전화통화 피고의 을 제3호증 "통화내역"에서도 그리고 그 다음날 ○○월 ○○일 저녁 ○시경 "당신 나 이틀 굶었어요. 밥사주시오"라 는 원고의 문자를 받고서 함께한 자리 피고의 을 제9호증 "식당영수증"에서도 그리고 ○○월○○일 협의이혼 의사 확인하는 날 법원 앞에서 원고에게 사과했 으며 그때의 상황을 설명하고 설명했었던 사실이 있습니다.

6. 바. 항목에 대한 답변입니다.

그 후 ○○○○. ○○. ○○.의 내용은 전혀 사실과 다릅니다.

피고의 을 제5호증 "○○월 ○○일 내용을"살펴보면 오후 ○○시 ○○분경 원 고의 형부로 부터 전화를 끊고 피고는 오후 ○○시경 ○○경찰서 관할 ○○지구 대에 들려 3~40분 동안에 걸쳐 원고의 가출신고를 마치고 나니 ○○시경 원고 의 형부에게서 또 전화가 와서 피고는 "방금 원고의 가출신고를 마치고 나오는 길이라고" 말했더니 원고의 형부는 전화를 끊었습니다.

그리고 그 후 집으로 돌아와 있는데 연달아 두 번 전화가 와서 두 번째 전화를 받으니 원고의 형부는 "왜 전화를 안 받으시네" 중얼거리다가 원고의 형부는 혼자서 고의로 전화를 끊어 버렸습니다.

그리고 ○○분정도 있으니 ○○○에서 전화가 와 "조금 전에 어떤 아저씨하고 부인이 상담하고(왔다) 갔다면서 그쪽에서는 이혼을 요구하는 것 같은데 어떻게 생각하느냐"묻기에 피고는 당황스럽고 황당하여 원고 쪽에서 그렇게 상담하고 생각했다면 나도 그렇게 결정하겠다고 말해 버렸던 것이지 피고가 먼저 이혼을 요구한 적은 없습니다.

이러한 피고의 주장은 원고가 제출한 갑 제8호증 "상담자확인서"의 "전화 상담을 통하여 남편의 의사를 확인하니 남편도 이혼을 원한다면 이혼해주겠다,"는 내용과 일치하는 것입니다

그리고 ○○월 ○○일 협의이혼사실 확인하는 날 법원에서 원고를 만나 원고에게 "나하고 이혼하려고 먼 ○○에서 여기까지 왔느냐 나는 당신에게 잘못한 것이 없으니 이혼할 의사도 없고 이혼 당할 의사도 없다"고 말하면서 원고가 제출한 갑 제6호증 "피고의 편지"5쪽 "마지막 말"을 건네주면서 갑 제6호증에 기록된 처음부터 지금까지 있었던 일들을 설명하면서 아무리 생각하고 찾아보아도 이혼할 만한 증거를 찾지 못했다면서 폭행사실에 대해선 또 한 번 사과하면서 당신도 잘한 것 없지 않느냐고 원고와 다시 화해해 보려고 했는데 원고는 누군가의 자문이 필요한 듯이 결정을 내리지 못하고 자꾸 머뭇거려 그냥 왔던 것입니다.

7. 사. 항목에 대한 답변입니다.

위 내용도 전혀 사실과 다릅니다. 원고와 피고 사이에 아이가 없는 것은 사실이지만 자식도 없는데 돈이 무슨 필요가 있느냐 며 직장을 못 다니게 하고 다니면 바람난다고 "원고의 개인생활을 억제 시켰다는데" 전혀 사실과 다릅니다.

피고는 원고의 한국생활의 적응을 위하여 함께 살아온 ○○○○. ○○. ○○. 입국 후부터 ○○○○. ○○. ○○.까지 ○○년 ○○개월 동안 여성복지부관할 다문

화지원센타 등에서 시행해온 모든 교육 및 행사에 참여하여 활동하게 하였고 그러한 준비와 노력으로 이제야 다문화 여성 그 누구에게도 뒤떨어지지 않는 사회활동이 가능해 졌다고 봅니다.

그리고 피고는 ○○○○. ○○. ○○. 원고의 심장수술(심방중격결손및 승모판결손)수술은 재발할 가능성이 매우 높은(확실한) 심장수술이었기 때문에 이후 병원에서 요구하던 "힘든 일은 하지 말고 편안히 살게 해 달라는" 수술집도 교수님과 담당 의사선생님의 권유에 따라 원고에게 우리가 돈이 없어 걱정한 일이 있느냐 ○○평 아파트 있고 당신 몸 건강하면 그것으로 족하니 너무 돈 돈 하지 말고 힘든 일 하지 말고 편안히 살면 된다고 말했을 뿐이며 그리고 실제로 원고가 입원 통근치료 중에도 2~3번 재발되어 입원재수술을 받은 환자들을 목격한 사실을 감안한다면 이보다 더 절실한 방책은 없었으며 이점은 피고의 을 제14호증 "원고의 심장수술 진단서"를 참고하여 환자의 상태를 판단하시면 이해가 더 가실 거라 믿습니다.

오히려 원고의 외사촌언니가 "원고가 바람날까봐 원고를 집도 못나가게 하느냐"며 전혀 사실과 다른 말로서 오해를 부추겼고 원고에게 "○○야 돈 벌어라 돈 어떻게 살려고 공부만 하느냐 공부만해서 어디다 써먹으려고 공부만 하느냐"는 등 좋지 않는 말로서 원고와 피고와의 생활이 잘못된 것처럼 원고의 마음을 자꾸 꼬드겨 오늘에 이르게 된 것입니다

원고는 학교에 다니면서 희망근로 등을 함께하고 있었으며 또한 청주대학교 평생교육원 교육을 ○년 동안 수강했으며 원고의 한국생활 ○년 ○○개월 동안의 삶은 그 누구에게도 구애 받지 않는 학교 학생으로 아침에 나갔다가 오후 늦게 들어오는 그 누구보다도 자유로이 생활했음을 원고 자신도 잘 알고 있을 것입니다.

8. 원고가 제출한 갑 제8호증의 "상담 사실확인서"에 대한 답변입니다.

원고는 피고가 "친구들 술자리에 데리고 가서 술을 따르라고 했다"는 원고의 상담내용은 전혀 사실과 다릅니다.

피고는 원고의 한국생활 적응을 위하여 집안에만 가두어 두지 않고 친구들 모임이나 각종 행사에 동반했던 것이 사실이지만 친구들 모임은 한 달에 한번 마지막 넷째 주 토요일 모임하나 밖에 없으며 그것도 우리의 결혼을 축하하는 피로연 자리에서 피고가 한손이 불편하여 답례인사로 한잔씩 따라 주었던 사실은 있었지만 그밖에 그러한 사실은 전혀 없습니다.

9. 피고의 주장입니다.

원고와 피고 간에 적어도 ○○○○. ○○. ○○.까지는 아무런 일이 없었습니다.

① 이러함을 증거로 원고가 제출한 갑 제6호증 "피고의 편지" 6쪽 상단의 "마지막 말" 내용들을 살펴보면 ○○○○. ○○. ○○. 원고의 중국 큰올케 초상으로 중국방문에 ○○○만원의 경비를 부담하여 원고의 빚을 청산하였고 ○○○○. ○○. ○○.에는 원고의 친언니 수술요양비로 ○○○만원을 송금한 사실이 있었으며 ○○○○. ○○. ○○.에는 원고의 교회건축작정헌금 ○○○만원을 피고가 부담해준 사실을 감안한다면 피고의 한 달벌이가 ○○○만원 벌이도 안 되는 상황에서 원고와 피고 간에 어떠한 문제가 있었다면 ○년 이내에 예상하지 못한 이러한 ○○○만원 이라는 거금을 거침없이 집행가능한 일이 라고 볼 수 없는 것이기에 원고와 피고간의 본건에 관한 문제는 20○○○. ○○. ○○. 이후의 발생한 문제부터 시작되는 것입니다.

② 피고의 을 제12호증 "두 번 태어난 내 인생"을 살펴보면 위 생활수기 사례 발표문은 원고가 ○○○○. ○○. ○○. 한글학교에서 발표된 것으로 ○○○○년 연말까지 원고는 원고의 이혼소장과 원고의 갑 제6호증 "피고의 편지" 4쪽 "원고의 요구사항"과는 전혀 달리 행복한 생활을 하고 있음을 잘 보여주고 있습니다.

원고는 전혀 아이를 못 낳는다는 문제로 인격을 무시당하거나 모독당한 적이 없었으며 또한 피고로부터 개인생활을 지나치게 억제 받았다는 주장과는 상반되는 전혀 다른 행복한 모습의 증거인 것입니다

원고가 주장하는 개인생활을 지나치게 억제 받고 ○○○○년 여름부터 자식문제로 인격을 무시당하고 모독당했다는 원고의 주장은 전혀 사실과 다르다는 증거를 뒷받침하는 위 생활수기 사례발표문은 한글학교에서 선정되어 남구청 그리고 언론사 그 후 ○○월 말경 새마을지도자교육 연수원에도 발표되어 피고의 어머니와 함께 지도자교육을 이수했으며 상과 포상을 받았던 자료로서 ○○○○. ○○. ○○.새벽 ○○시○○분경 원고가 집을 뛰쳐나가기 직전까지 원고의 친언니처럼 한국의 선생님으로서 지켜주셨던 한글학교 선생님이 그 증인이 될 것입니다.

그러한 까닭에 원고가 주장하는 본건에 관한 시기는 적어도 ○○○○. ○○. ○○.이후인 ○○월 ○○일 친구 집 집들 이겸 모임 이후인 버스 안에서의 사건부터 시작된 것으로 원고가 지금까지 주장하는 시기와 내용들은 전혀 근거가 없는 것입니다.

③ 또한 원고가 제출한 갑 제6호증 "피고의 편지" 4쪽 "원고의 요구사항"과 동일한 피고의 을제6호증 "원고의 요구사항" 그 어디에도 아이문제로 인격을 무시

당한 상황의 요구흔적은 전혀 없으며 오히려 원고의 요구사항은 집을 요구하고 있고 김치쪼가리 몇 폭을 거론하고 있는 사실을 감안한다면 본건에 관한 원고의 아이문제로 인격을 무시당하고 모독을 당했다는 주장은 전혀 터무니없는 것입니다.

만약 원고가 피고로부터 부당한 대우를 받았거나 인격을 모독당하는 부당한 행위를 받았다면 원고의 외사촌언니와 형부라는 사람이 가만히 있을 리 만무합니다.

원고의 외사촌언니와 형부라는 사람들이 피고의 을 제5호증 "○○월 ○○일 내용을" 살펴보면 그때서야 사태를 파악한 쌍촌동은 "원고의 성질이 못돼서 그러하니 참고 살라며 돌아갔고"라고 남겨있는데 여기에서 말한 쌍촌동은 원고의 외사촌언니와 형부를 말하므로 적어도 ○○월 ○○일까진 아무 일 없음을 확인하고 그냥 돌아갔음을 감안하여 본다면 원고의 모든 주장은 더더욱 전혀 근거가 없는 사실과 다른 것입니다

만일 피고가 원고의 주장대로 잘못했다면 원고가 주장하는 현재의 별거 3~4개월 동안 단 한 번도 피고의 잘못됨을 꾸짖거나 따지지 못한 그들은 분명 자칭 원고의 언니형부가 아닐 것이며 원고를 누군가에게 또 소개하여 돈을 벌고자 하는 장사꾼에 불과 하는 것이며 또한 단 한 번의 불가피한 쌍방의 폭력에 의한 이번 상해 2주 진단의 사유로 이혼을 요구한다는 것은 방송언론에 자주 등장하는 일부 다문화 이주여성들의 계획적이고 전형적인 사기결혼수법 이다 말할 수 있기에 그러므로 원고의 모든 주장은 전혀 사실과 다르다는 증거가 될 것입니다.

④ 피고는 원고를 절대 유기하지 않았습니다.

피고의 을 제5호증 "○○월 ○○일 ○○월 ○○일~○○월 ○○일" 내용을 살펴

보면 피고는 원고가 집을 뛰쳐나간 ○○월○○일 새벽 직후부터 원고와 화해하기 위해서 노력해왔으며 또한 ○○월 ○○일 협의이혼의사 확인하는 날 협의이혼의사가 없음을 분명히 밝힌 후에도 별거라는 관계를 원치 않아 원고와 화해하기 위해서 노력을 원하였는데 원고는 유일한 연락수단 전화번호를 4월24일 피고의 을 제10호증 "수신메시지"을 보면 ○○시 ○○분경 "지금부터 이 전화번호 안 쓰니까 해제 하세요"라는 마지막 문자로 고의적으로 끊어 버렸던 것입니다.

그래도 피고는 ○○월 ○○일 원고가 제출한 갑 제6호증 "피고의 편지"들을 우편으로 발송했으며 ○○월 ○○일 피고의 을 제11호증 "지방자치선거 호보물"을 피고에게 가져다주었으며 또한 직전 원고의 중국 친언니께서 한국에 내려오신 모습을 길거리에서 우연히 지켜본 후에 우리의 문제로 처형을 모르는 척 하는 것은 도리가 아니다 싶어 ○○월 ○○일 원고의 언니에게 피고의 을 제12호증 "처형"이라는 편지와 티셔츠를 가져다주며 어떻게 자리를 마련하려고 연락을 기다린 사실이 있었으나 원고가 무시했으며 그 후에도 ○○월 ○○일 까지 원고의 소장을 송달받기 직전까지 원고와 공유하고 있는 원고의 불로그에 피고의 을 제7호증 "아직도 못 다한 말 못한 이야기"라는 글 등으로 계속 우리의 사랑은 유효하다는 글을 올렸던 사실을 참고하신다면 그 책임은 피고에게 있지 않고 원고 스스로에게 있음을 알 수 있을 것입니다.

⑤ 피고는 원고와의 연락두절로 말미암아 고민해오다 원고의 갑 제3호증의2 처럼 "○○○○. ○○. ○○."본거주지로 퇴거하여 동주소지에서 지금껏 혼자 생활하고 있습니다.

피고의 가족들과 집 그리고 피고가 ○○년 넘게 아끼던 난초들을 뒤로 하고서 집을 나와 지체장애 2급의 불편한 몸으로 혼자서 생활하고 있는 이유가 원고가 싫다고 뛰쳐나간 피고자신이 싫었고 그 집이 싫었으며 원고가 싫다고 한(원고의 시어머니) 피고의 어머니와의 관계마저도 괴롭고 죄송스럽기 그지없기 때문 이었지만 원고의 부담을 덜어주고자 하는 마음 때문도 있었습니다.

그렇다면 원고 스스로도 피고가 줄곧 주장하는 우리 결혼생활의 파탄의 원인인 원고의 외사촌언니 형부와의 관계를 마땅히 피해야 할 것입니다 그럼에도 불구하고 원고는 결혼생활 파탄의 책임과 유기에 대한 책임을 피고에게 떠넘기고 있는 우스운 일들이 벌어지고 있는 것입니다

피고의 을 제5호증 "○○월 ○○일 저녁 ○○시경" 내용을 살펴보면 원고 스스로가 원고의 중국가족 큰오빠 작은오빠 그리고 친언니의 의사를 무시하고 외사촌 언니 형부의 의견대로 살겠다는 "언니 형부랑" 이라는 문자로 피고와의 화해를 스스로 파기 하면서까지 그들에게 감사하고 있는 이 시점에 피고가 할 수 있는 일은 바람이 수그러져 돌아오는 시기를 기다리는 마음뿐인 것입니다.

⑥ 이상의 답변서를 작성하면서 원고와 살아왔던 ○년 ○개월 동안의 모든 일들이 되살아납니다.

한편으로는 원고가 아무리 다문화여성이라고 하지만 이토록 의견차이가 있었으며 또한 그렇게 사랑을 헌신짝처럼 내버릴 수 있었을까 하고 원망을 하면서도 또 다른 한편으로 내가 이토록 원고를 사랑했구나 하는 마음에 사실을 알아내고 원고를 용서하게 됩니다.

원고와 피고 간에는 아무런 일이 없었습니다.

피고의 을 제5호증 "우리의 문제와 쌍촌동의 역할" 과 을 제7호증 "아직도 못다한 말 못한 이야기" 을 살펴보면 원고와 피고사이에 원고의 외사촌언니 형부가 개입되면서부터 우리의 문제는 시작되었고 현재에 이르고 있는 것입니다.

또 꼬투리를 잡을지는 모르겠지만 최소한 본건에 관한 원고와 피고 간의 이혼 사유는 존재하지 않았던 것을 원고도 인정할 것입니다.

그동안 원고로부터 발생한 피고와 피고의 가족들의 말 못할 고민들을 묻지 않겠습니다.

또한 본건으로 말미암아 발생하는 그 고민들도 묻지 않겠습니다.

원고가 상상도 하지 못한 그러한 고민들 일 테니까요 이 모든 것은 피고가 풀어갈 고민들이며 또한 원고와 함께 풀어갈 고민들인 것은 분명합니다.

⑦ 원고는 피고로부터 원고가 주장하는 부당한 대우를 받아 부부관계를 유지 할 수가 없었다고 주장하는데' 원고와 피고간의 폭행사실은 처음 있는 일이였고 부부간에 살다보면 이러한 부부싸움하지 않는 부부가 어디 있겠습니까.

또한 시어머니 앞에서 고개 숙이지 못하고 항변하는 아내를 보고서 가만있을 아들이 세상 어디 또 있겠습니까.

이러한 점을 감안한다면 단 한 번의 원고의 2주상해 진단이라는 사유로 이혼을 요구한다는 것은 결혼의 신성(존엄성)에 문제가 있다고 판단됩니다.

오히려 원고는 한국인의 가정생활에 충실하지 못하고 ○년 ○개월 동안 아침밥상을 한 번도 받아 본적이 없는 피고의 어머니 등에게 모든 잘못을 떠넘겨 놓고서 원고가 제출한 갑 제6호증 "피고의 편지" 4쪽의 "원고의 요구사항"이 타당하는지 알아야 할 것이며 또한 6쪽 "마지막 말"에 원고로 인하여 발생한 돈 ○○○○만원의 빚을 갚기도 전에, 한국인의 국적을 ○○○○. ○○. ○○. 취득하여 국적이 내려지자마자 기다렸다는 듯이 4~5개월 만에 집을 뛰쳐나가 가정 파탄에 이르게 하는 혼인생활파탄의 원인을 몰고 온 책임이 원고에게 있으니

원고의 청구를 기각한다는 판결을 구합니다.

소명자료 및 첨부서류

1.을 제1호증   피고의 사진

1.을 제2호증   원고의 가출신고서

1.을 제3호증   통화내역(피고의 ○~○월)

1.을 제4호증   원고의 목걸이 사진

1.을 제5호증   원고의 요구사항

1.을 제6호증   식당영수증

1.을 제7호증   수신메시지(원고가 피고에게 보낸 문자)

1.을 제8호증   지방자치선거 홍보물 사진

○○○○ 년 ○○ 월 ○○ 일

위 피고 : 0 0 0   (인)

청주지방법원 가사3단독 귀중

■ 답변서 - 보험회사의 채무부존재확인소송에 대응하여 피고가 기각을 구하는 답변서

답 변 서

<table>
<tr><td>재판장확인</td></tr>
<tr><td>· · ·
·················</td></tr>
</table>

사건번호 : ○○○○가단○○○○호 채무부존재확인

원 고 : ○   ○   ○

피 고 : ○   ○   ○

<table>
<tr><td>부본영수</td></tr>
<tr><td>· · ·
·················</td></tr>
</table>

○○○○ 년 ○○ 월 ○○ 일

위 피고 : ○ ○ ○ (인)

울산지방법원 민사3단독 귀중

답　변　서

사건번호 ： ○○○○가단○○○○호　채무부존재확인

원　　고 ： ○　　　○　　　○

피　　고 ： ○　　　○　　　○

위 사건에 관하여 피고는 다음과 같이 답변합니다.

- 다　음 -

청구취지에 대한 답변

1. 원고의 청구를 기각한다.
2. 소송비용은 원고의 부담으로 한다.
라는 판결을 구합니다.

청구원인에 대한 답변

이 사건의 경위에 관하여는 추후 반소장을 제출하면서 자세히 설명하겠지만 아래에서는 본소에 관한 사항을 중심으로 답변하도록 하겠습니다.

1. 보험계약의 체결

　　○○○○. ○○. ○○. 피고는 노후 건강의 보장책으로 건강보험에 들기로 하고 원고회사의 보험설계사를 통하여 차후에 질병이 생기면 치료자금과 연금 등을 보장한다는 설명을 듣고 '○○ 건강보험 부부형'이라는 보험상품에 관하여 보험계약(다음부터 '이 사건 보험계약'이라고 하겠습니다)을 체결하였습니다.

2. 약관을 교부하거나 계약내용을 설명하였는지 여부

    피고는 당시 이 사건 보험계약의 보험금 지급요건이 되는 보험사고에 관하여 원고
회사의 보험설계사로부터 이 사건 보험계약의 안내장(다음부터'이 사건 안내장'이
라 합니다)을 교부받아 그 보험사고범위를 확인하였습니다.

    그런데 이 사건 안내장은 이 사건 보험이 우리나라 국민의 다수의 사망원인을 차
지하는 암이나 순환기계 질환에 대비한 전문적인 건강보험으로서 일반보장 이외
에'특정질병보장'이라는 별도의 보험상품을 포함한 것에 그 특징이 있다고 설명하
면서 위 특정질병으로'암, 허혈성심질환, 뇌혈관질환'을 거시하고 있어서 일반적으
로 노년기에 많이 문제되는 질병에 대한 대비차원에서 이 사건 보험계약을 체결
하였습니다.

    한편, 이 사건 안내장에는 위에 거시된 질병에 포함되는 질병 가운데 일부가 제외
된다는 점에 관하여는 아무런 설명을 하지 않고 있으며, 원고회사주장의 약관(협
심증 등을 제외하는 내용)에 관하여 피고는 그 약관을 교부받거나 당시 이에 관
하여 설명을 들은 사실이 없습니다.

    따라서 약관규정에 따라 이 사건 보험계약의 내용을 주장하는 원고회사의 주장은
부당하다고 할 것입니다.

3. 보험사고의 발생 및 보험회사 측의 조치

    가. 피고는 위와 같이 이 사건 보험에 가입하여 보험료를 납입하여 오던 중, ○○○○.
        ○○. ○○. 가슴에 심한 통증을 느껴 ○○의료원에 입원하여 치료를 받게 되었
        는데, 당시 병명은 급성 인두염과 C형 간염으로 진단되어 치료를 받았습니다만
        병세가 호전되지 않던 중, ○○○○. ○○. ○○. 위 같은 병원에서 급성 결핵성
        심낭염 및 협심증으로 재진단 받아 입원 및 통원치료를 받게 되었습니다.

나. 피고는 결핵성 심낭염 및 협심증이 발병하여 병원치료를 받게 되자 당시 치료가 일단락 될 즈음인 ○○○○. ○○. 중순경에 원고회사에 이 사실을 신고하고 보험금의 지급을 청구하였습니다.

당시 위 발병에 관하여 보험금지급여부를 조사하기 위하여 원고회사의 ○○본사 심사부에서 일하는 소외 ○○○라는 보험조사원이 ○○에서 ○○○로 내려와서 피고의 이전 병력 및 위 발병에 관한 사항을 병원과 피고 등을 상대로 조사한 사실이 있습니다.

당시 위 보험조사원은 피고에게'이 병은 보험금지급대상이 되는 특정질병에 해당하므로 앞으로 보험금이 지급될 것이며, 이후의 보험료도 납입면제 될 것이다'라고 말하였고 위와 같이 말한 사실은 소외 ○○○가 ○○○○. ○○. ○○.에 금융감독원의 분쟁조정과정에 출석하여 인정한 것이기도 합니다.

다. 그에 따라, 피고는 원고회사로부터 보험금이 지급되기를 기다리고 있던 중, ○○○○. ○○. ○○.에 먼저 이 사건 보험계약과는 별도의 입원특약계약에 의한 보험금 ○○○,○○○원을 우선하여 지급 받게 되었습니다.

이 당시까지도 원고회사는 특정질병보장에 관한 이 사건 보험계약에 의한 보험금의 지급에 관하여는 별다른 얘기를 해주지 않았기 때문에 피고로서는 보험금지급결정이 절차상 늦어지는 것으로 생각하고 그 결정과 지급을 기다리고 있었습니다.

4. 원고의 실효처리
가. 그런데, ○○○○. ○○.경 원고회사로부터 보험금 지급에 관한 연락이 없어 본사로 연락을 하여보았더니 피고에게 발생한 질병은 보험대상 질병에 해당하지 아니하고 또한 이 사건 보험계약은 보험료의 2회 미납을 이유로 하여 ○○○. ○○. ○○.자로 실효 되었으므로 해지환급금을 수령하여 가라는 답변을 하였습니다.

피고는 당시 ○○○○. ○○. ○○.까지의 보험료를 납부한 상태였고, 발병이후 보험조사원 소외 ○○○의 말을 믿고 보험금의 지급을 기다리고 있었으며 원고회사에서 보험금지급이 결정되어 그 중 입원특약보험금이 우선 지급된 것으로 생각하여 이후의 보험료가 면제되는 것으로 알고 보험료를 납부하지 않았던 것입니다.

원고회사로부터는 피고에게 발병한 질병이 보험사고에 해당하지 아니한다는 설명이 없었고, 또한 보험료를 미납하고 있으니 보험료를 납부하라는 최고나, 납부하지 않으면 실효 된다는 통지 역시 없는 상태에서 일방적으로 실효 되었다는 답변만을 하여준 것입니다. 피고로서는 원고회사 측의 약관규정상 보험대상이 되지 않는다는 말을 당시로서는 믿을 수밖에 없었습니다.

다만, 피고는 보험료를 계속하여 납부할 것이니 이 사건 보험계약을 부활시켜 달라고 하였으나 원고회사측은 이 사건 보험계약은 이미 실효 되었으니 보험료를 내더라도 부활은 아니 된다고 하였으며, 일정한 기간이 지나면 해약환급금도 받아 갈 수 없으니 회사내 정해진 절차에 따라 환급금을 수령하여 가라고 하여 피고로서는 할 수 없이 해약환급금을 수령하였습니다.

나. 약관상 실효규정의 유효성

이에 관하여는 이후 반소장에서 자세히 밝히겠으나 원고회사 측의 이 사건 보험계약에 대한 실효처리는 위 회사 약관규정에 의한 것으로 이는 계약내용에 포함되지 않을 뿐만 아니라 위 약관규정 자체가 상법규정에 위배되어 무효이므로 미납보험료에 대한 납부최고 및 해지절차를 거치지 않은 실효처분은 무효라고 할 것이어서 아직까지도 보험계약은 유효하게 존속되고 있다고 하여야 할 것입니다.

5. 보험금의 지급청구

피고는 위 원고회사 측의 설명만 믿고 피고의 발병이 보험금 지급대상이 아니고 계약은 적법하게 실효 된 것으로만 생각하면서 지내던 중, ○○○○. ○○.경에 라디오에서 "계약자에 불리하게 작성된 약관은 효력이 없다"라는 뉴스를 듣고 혹시라도 보험금을 받을 수 있지 않을까 하는 생각에 여기저기 알아보고 난 뒤 원고회사 측에 보험금의 지급을 청구하였으나 원고회사측은 이 사건 보험계약 당시의 약관에 의하여 보험금을 지급할 수 없다는 말만 되풀이하였습니다.

6. 원고회사의 소제기

피고는 이와 같은 원고회사 측의 보험금 미지급과 보험계약실효처분이 부당하다고 느껴졌기에 계속하여 원고회사 측에 보험금의 지급을 요구하였는바, 원고회사는 오히려 ○○○○. ○○.경 귀원에 피고에 대하여 아무런 책임이 없다는 취지로 채무부존재확인소송을 제기하여 지금에 이르게 된 것입니다.

7. 결론

그렇다면 원고회사 측 약관이 이 사건 보험계약의 내용이 됨을 전제로 한 원고회사의 주장은 부당하며 실효처리 또한 무효이기 때문에 이 사건 보험계약이 여전히 유효함을 전제로 하여 원, 피고간의 법률관계를 정리하여야 할 것입니다.

피고는 이에 관한 반소장을 곧 제출하도록 하겠습니다.

○○○○ 년 ○○ 월 ○○ 일

위 피고 : ○ ○ ○   (인)

울산지방법원 민사3단독 귀중

답 변 서

재판장확인
. . .
....

사건번호 : ○○○○가단○○○○호   전세금반환

원   고 : ○   ○   ○

피   고 : ○   ○   ○

부본영수
. . .
....

○○○○ 년 ○○ 월 ○○ 일

위 피고 : ○   ○   ○

대전지방법원 천안지원 귀중

답 변 서

사건번호 : ○○○○가단○○○○호   전세금반환

원   고 : ○   ○   ○

피   고 : ○   ○   ○

위 사건에 관하여 피고는 다음과 같이 답변합니다.

- 다 음 -

청구취지에 대한 답변

1. 원고의 청구를 기각한다.
2. 소송비용은 원고의 부담으로 한다.
라는 판결을 구합니다.

청구원인에 대한 답변

1. 피고의 원고에 대한 보증금 반환채무는 당사자의 사전 합의에 따라 불확정 기한부 채무이므로 그 기한 도래전의 원고 청구는 기각되어야 합니다.

   원고는 본건 임대차계약이 만료되기 직전인 ○○○○. ○○. ○○. 하순에 갑자기 이사를 가겠다고 하면서 같은 해 ○○. ○○. 에 이사를 가면서 전세보증금의 일부만 받고 나머지 금 ○,○○○만원은 전세가 나갈 때까지는 위 전세보증금의 반환의무를 이행할 수 없습니다.(을 제1호 영수증 참조)

2. 원고가 피고에게 본건 제소 시부터 연 12%의 비율에 의한 지연손해금을 청구한 것
   은 부당하여 기각되어야 합니다.

   피고는 당장 준비한 돈이 없어 전세를 빨리 놓아 빼주겠다고 성의껏 노력하고 있
   고, 또 원고 자신도 장차 전세가 나가는 때 잔여보증금을 받아가겠다고 약속한
   이상 이러한 조건 또는 기한이 도래하기 전에 원고가 연 12%의 지연손해금을 청
   구한다는 것은 신의를 배반한 처사로서 마땅히 기각되어야 합니다.

3. 피고는 불필요한 쟁송을 원치 않고 전세가 나가는 대로 약속에 따라 즉시 원고의
   보증금을 반환할 것인 즉 소송할 만한 가치도 없는 이 사건에 대하여 소송을 좋
   아하는 원고의 나쁜 습성을 유감으로 여길 뿐이므로 반드시 기각되어야 할 것입
   니다.

소명자료 및 첨부서류

1. 을 제1호증   영수증

○○○○ 년 ○○ 월 ○○ 일

위 피고 : ○ ○ ○ (인)

대전지방법원 천안지원 귀중

답 변 서

재판장확인
. . .
....

사건번호 : ○○○○가단○○○○호   대여금

원 고 : ○   ○   ○

피 고 : ○   ○   ○

부본영수
. . .
....

○○○○ 년 ○○ 월 ○○ 일

위 피고 : ○○○   (인)

강릉지원 민사3단독   귀중

답　변　서

사건번호 : ○○○○가단○○○○호　대여금

원　　고 : ○　　○　　○

피　　고 : ○　　○　　○

위 사건에 관하여 피고는 다음과 같이 답변합니다.

- 다　음 -

청구취지에 대한 답변

1. 원고의 청구를 기각한다.
2. 소송비용은 원고의 부담으로 한다.
라는 판결을 구합니다.

청구원인에 대한 답변

1. 원고의 주장 요지

　원고는 갑 제1호증 약속어음을 근거로 하여 피고가 원고에게 청구취지 기재 금원과 같은 대여금채무를 부담하고 있다고 주장하면서 본건 청구의 인용을 구하고 있습니다.

　그러나 이러한 원고의 청구는 후술하는 바와 같은 이유에서 부당합니다.

2. 피고의 원고에 대한 금전 차용 경위 및 변제

피고는 과거 유흥업소에서 성매매행위를 포함한 접대행위를 행하는 여성종업원으로 근무한 바 있습니다.

피고는 강원도 속초시에 소재한 상호불상(너무 오래되어 현재로서는 그 상호를 기억하지 못합니다)의 유흥업소에서 근무하다가 ○○○○. ○○. ○○.경 이후 강릉의 유흥업소로 자리를 옮긴 바 있습니다.

원고는 피고가 속초시 ○○로 소재 유흥업소에서 근무할 당시인 ○○○○. ○○. ○○.경 이전 시점에 피고와 같은 윤락여성들에게 돈을 빌려주던 사채업자로서, 피고에게 업소에 처음 들어갈 때 주는 선불 금을 대여금 형식으로 빌려 주었는데, 그것이 갑 제1호증 약속어음상의 금액입니다.

당시 원고가 피고에게 대여한 조건은 금 1,200만원을 월 10부 이자로 하여 60일간 일수로 상환하는 것으로서, 매일 금 24만원씩 60일간 상환하여 합계 금 1,440만원을 변제하는 것이었습니다.

피고는 위 금 1,200만 원에 대해 당초 약정한 내용대로 월 10부 이자로 해서 하루 24만원씩 60일 동안 총 1,440만원을 현금으로 모두 변제하였습니다. 다만, 당시 업소의 특성상 피고는 위와 같은 일수 돈을 현금으로 변제하였기 때문에 금융거래내역 등 객관적 증빙자료를 제출할 수는 없는 실정입니다. 다만, 을 제2호증 금융거래내역에서 보듯이 피고가 ○○○○. ○○. ○○.경 이후부터는 강릉시 ○○로 소재 유흥업소에서 일하면서 거기에서 버는 소득을 통장에 현금 입금하여 온 것을 확인할 수 있는데(적요란을 보면, 입금내역과 관련하여 유흥업소 인근인 강릉시 ○○로 소재 등 지명이 나옴), 피고와 같은 윤락여성들이 종전 업소에서의 선불 금 채무를 변제하지 않고서 업소를 변경한다는 것은 상상하기 어려운 일인바, 이러한 사정을 통해 간접적으로 피고의 위 변제사실이 확인된다 할 것입니다.

그리고 원고가 한참이 지나도록 피고에 대하여 별다른 권리행사(소제기 또는 가압류 등)를 제기하지 아니한 사정도 이를 뒷받침합니다.

결국 위 약속어음의 소지인인 원고는 피고의 위와 같은 변제로 인해 어음상 원인관계가 소멸되었다 할 것이며,(원고의 본건 청구에 어음금 청구가 포함된다면) 원고가 어음의 수취인이자 최종 소지인으로서 어음금 청구를 한 경우로서, 피고로서는 아무런 제한 없이 원인관계 또는 인적관계로 인한 항변을 할 수 있습니다.(어음법 제17조 단서, 대법원 2002. 4. 26. 선고 2000다42915 판결 등 참조).

3. 민법 제103조 저촉 문제

설령 피고의 위 변제사실의 증명이 부족하다 하더라도, 이 사건 대여금 채무는 민법 제103조에 반하는 약정에 기인한 것으로서, 원고로서는 피고에게 위 채무의 이행을 구할 수 없다 할 것입니다.

원고의 피고에 대한 이 사건 대여금 채권은 윤락여성을 주된 고객으로 한 사채업자인 원고가 윤락행위를 위해 선불 금으로 피고에게 지급한 것입니다.

대법원은"선불금은 원고들의 윤락행위를 전제로 한 것이거나 그와 관련성이 있는 경제적 이익으로서 그 대여행위는 민법(제103조)에서 정하는 반사회질서의 법률행위에 해당하며, 성매매알선등행위처벌에관한법률에 의거, 무효라고 할 수 있다"라고 판시한 바 있습니다.(대법원 2013. 6. 14 선고, 2011다65174 판결 등 참조).

따라서 이 사건 대여금 청구는 원고의 윤락행위를 전제로 한 선불 금을 청구하는 소로서 민법 제103조에 저촉되어 허용될 수 없다 할 것이고, 아울러 민법 제746조 본문"불법의 원인으로 인하여 재산을 급여하거나 노무를 제공한 때에는 그 이익의 반환을 청구하지 못한다."규정에 따라, 원고로서는 피고에게 이 사건 대여금에 대하여 부당이득반환청구도 할 수 없다 하겠습니다.

4. 소멸시효의 완성

원고는 갑 제1호증 약속어음의 작성 일을 기재된 발행일인 ○○○○. ○○. ○○. 로 주장하고 있으나, 피고는 ○○○○. ○○. ○○.부터 ○○○○. ○○. ○○.까지 해외에 나가있었기 때문에 위 ○○○○. ○○. ○○.에 갑 제1호증에 서명, 무인을 한 사실이 없습니다.(을 제1호증 출입국에 관한 사실증명 참조).

피고는 위 약속어음에 관하여 이 사건 대여금의 대여시점인 ○○○○. ○○. ○○.경 이전에 서명, 무인을 하였으며, 이 때 발행일 란은 공란으로 되어 있었습니다.

결국 위 약속어음은 발행일이 변조된 것이며, 위 발행일로 기재된 ○○○○. ○○. ○○.에 피고는 한국에 없었으므로 변개(變改) 자체가 증권상 명백한 경우에 해당합니다.

원고는 소멸시효 완성의 문제를 회피하기 위하여 이 사건 소장 제출 시점으로부터 역산하여 10년이 될 수 있도록 위와 같이 발행일을 임의로 변조한 것으로 보입니다.

이러한 경우에는 어음소지인인 원고가 어음채무자인 피고의 기명날인 또는 서명이 변개이후에 행하여졌거나, 그러한 변개에 대해 채무자인 피고가 동의하였음을 입증해야 할 것인데 그러한 입증이 없으므로 위 약속어음은 발행일이 변조된 것으로서(대법원 1987. 3. 24. 선고 86다카37 판결) 어음채무자인 피고는 변조 전에 한 어음행위에 문언에 대해서만 책임을 지게 됩니다.

그렇다면, 결국 이 사건 대여금 채권은 ○○○○. ○○. ○○.경 이전에 성립하였고, 그 변제기도 상술한 바와 같이 차용시점으로부터 60일 이후시점이라 할 것이기 때문에, 이로부터 10년이 경과한 때에 이 사건 소가 제기된 것은 역수상 명백합니다.

따라서 원고의 이 사건 청구는 소멸시효가 완성된 채권에 관한 청구로서 기각되어야 마땅합니다.

5. 추후 입증계획

피고의 원고에 대한 선불 금 변제 사실과 피고가 기명날인 한 약속어음이 피고의 윤락행위를 위한 선불 금을 담보하기 위한 것이었음을 입증하기 위해, 피고는 당시 같은 업소에서 일한 바 있는 동료를 추후 증인신청을 하겠습니다.

6. 결론

피고는 이상의 사정을 두루 살피시어 원고의 본건 청구를 전부 기각하여 주실 것을 간곡히 요청 드립니다.

소명자료 및 첨부서류

1. 을 제1호증   출입국에 관한 사실증명
2. 을 제2호증   금융거래내역(통장내역)

○ ○ ○ ○ 년 ○ ○ 월 ○ ○ 일

위 피고 : ○ ○ ○   (인)

강릉지원 민사3단독   귀중

■ 답변서 - 용역바 청구에 대응하여 성실히 수행하지 않아 용역비를 반환요구하는 답변서

답 변 서

재판장확인
. . .   .

사건번호 : ○○○○가단○○○○호   용역잔대금청구

원   고 : ○   ○   ○

피   고 : ○   ○   ○

부본영수
. . .   .

○○○○ 년 ○○ 월 ○○ 일

위 피고 : ○   ○   ○

남원지원 민사 제1단독 귀중

답 변 서

사건번호 : ○○○○가단○○○○호   용역잔대금청구

원   고 : ○   ○   ○

피   고 : ○   ○   ○

위 사건에 관하여 피고는 다음과 같이 답변합니다.

- 다 음 -

청구취지에 대한 답변

1. 원고의 청구를 기각한다.
2. 소송비용은 원고의 부담으로 한다.
라는 판결을 구합니다.

청구원인에 대한 답변

1. 용역제공의 내역

   (1) 용역의 종류 : 연구용역
   (2) 용역제공기간 : ○○○○. ○○. ○○.부터 ○○○○.○○.○○.까지

   위탁연구협약 해약 : ○○○○.○○.○○.로 원고와 피고는 합의하에 위탁연구협

약을 해약하였습니다.

2. 기타 보충할 내용

 (1) 피고는 원고와 ○○○○.○○.○○. 금 30,000,000원의 연구용역 계약을 체결하여 원고가 계약에 따른 용역 결과물을 제출하였으나 잔대금 10,000,000원을 지급하지 않고 있다는 것입니다.

 (2) 피고와 원고간의 당초 계약은 계약금 3천만 원 중 선급금 1천만 원을 선급금으로 ○○○○.○○.○○. ○○대학교 우리은행 계좌로 입금하고 진행하던 중 양측 협의 하에 ○○○○. ○○. ○○.로 해약을 하고, ○○○○. ○○. ○○. 위탁자를 ○○산업주식회사로 하고 수탁자를 사단법인 ○○해양공학회으로 하여 당초 계약에서 총 3천만 원 중 선급금으로 지급된 1천만 원을 제외한 연구비 금 이천만원으로 연구용역을 재계약 하여 ○○○○. ○○. ○○. 수탁자의 선급금 청구에 따라 ○○○○. ○○. ○○. 총 연구비 2천만 원 중 1천만 원을 수탁자인 ○○해양공학회 수협계좌로 입금하였습니다.

 (3) 원고는 계약에 따른 용역 결과물을 제출하였으니 잔대금 10,000,000원을 지급해 달라고 하고 있으나 원고가 말하는 연구용역 계약서의 내용을 살펴보면 피고와 원고 측의 ○○해양공학회 간의 계약에 따른 개량된 수문권양기의 개발에 대한 연구용역의 연구범위는 계약서에 첨부된 연구계약서의 내용에서처럼 우선순위가 다음과 같이 정해져 있습니다.

가. 작동속도 향상이고 다음으로

나. 수문자동화로써 당사에서는 가, 작동속도의 향상에 대하여 우선적인 과제로 지목하여 중점적인 관심을 표명하였고, 원고에게도 이 부분에 대한 중점적인 연

구개발을 의뢰 하였던 바입니다.

그러나 원고의 연구결과를 받아본 바로는 당사에서 요구한 우선적 해결과제를 완결하지 않은 상태에서 차선적인 부분에 더 신경을 쓴 결과로 나타났습니다.

원고가 연구결과물로 제출하여 준 것으로 살펴보면

　① 퇴적물방지 수문장치
　② 원격 무선 수문제어장치
　③ 페달식 수문개폐장치
　④ 충격방지 수문장치가 있으나

다. 퇴적물방지 수문장치는 토사 및 갯뻘 또는 오물의 퇴적량과 빈도 등 현재 우리나라의 하천환경이나 수로의 조건 등을 감안하지 않은 결과물이며, 실제로 실용화 또는 제품화가 불가능하고,

라. 원격 무선 수문제어장치는 많은 시간과 비용을 들여 연구하신 것과 그 연구결과물 자체만으로는 인정할 만합니다.

그러나 중소기업의 단일업종인 피고 측의 현실에 비추어 보면 기계, 전기, 전자의 복합적인 기술과 지식, 노하우등이 요구되는 방안으로써 당사의 인적, 기술적 자원으로서는 감당하기 어려운 실정이며, 사업영역확장 및 투자증대에 따른 회사운영의 어려움까지도 감수해야 하는 광범위한 방안으로 피고 측과 같은 소규모 기업의 운영 면에선 현실적으로 거리가 있는 방안인 것입니다.

또한 ④ 충격방지 수문장치는 피고의 수문권양기의 구조를 완전히 파악하지 않은 상태에서 도출된 결과물로써 피고의 제품에 적용할 수 없을뿐더러 개량된 수문권양기의 개발과는 부합되지 않는 결과물입니다.

앞에서도 언급하였듯이 피고 측의 주요 관심과 연구용역의 제일 우선되고 1차적 목적인 작동속도 향상과 관련하여

페달식 수문개폐장치를 제출하였으나 당초 목적인 수문의 인양속도를 향상시킴과 동시에 작동동력을 줄일 수 있는 장치하고는 맞지 않는 결과물이 되었습니다.

원고가 용역 결과물이라고 제출한 자료는 작동력은 감안하지 않고 속도에만 중점을 둔 것이라 구조적으로 맞지 않아 도면을 수정하여 시험적으로 제품을 만들어 기존의 작동 방식인 핸드레버 작동방식과 비교하여 작동해 보았으나 힘이 덜 들면 속도가 느리고, 속도가 빠르면 힘이 많이 들어 작동하는데 어려움이 있어 우선연구목적인 수문의 인양속도를 향상시킴과 동시에 작동동력을 줄일 수 있는 방법이나 장치의 개발과는 거리가 먼 결과물이었습니다.

발로 밟아 작동하되 실현 가능한 어떤 추가 장치를 통하여 속도를 향상시키고 작동력을 줄일 수 있는 구조로의 개발이 있어야 함에도 원고는 그 이상의 노력과 연구의 결과를 피고에게 전달하지 못했습니다.

그럼에도 불구하고 피고는 원고에게 총금액 3천만 원 중 1차 선급 금 1천만 원과 2차 계약에 의한 2차 선급금 1천만 원 등 합계 2천 만 원을 지급한 것은 연구성과에 비하여 과다지급 된 것으로써 연 구용역기간 동안 인정할만한 연구성과를 기대하고 원고의 수고에 대해 격려성으로 과다지급한 상황인데, 계약기간의 만료와 불충분한 결과물을 제출하고 나서 계약기간이 만료되었다는 이유만으로 연구용역 잔금 1,000만원을 지급해달라고 하는 것은 원고의 부당한 요구입니다.

(4) 앞에서도 밝힌바와 같이 원고가 연구목적에 적합하지 않은 연구결과물을 제시하고 이제 기간이 만료되었으니 잔대금 1천만 원을 지급해달라고 하는 것은 부당합니다.

그럼에도 원고는 본인이 성의껏 이행하여야 할 사항은 지키지 못하고 성의 없는 결과물을 제출하고서는 이제 계약기간이 지났으니 잔금 1천만 원을 지급해달라고 요구 한다는 것은 전체금액 3천만 원 중, 원고의 실적에 비해 훨씬 더 많은 2/3의 금액(2천만 원)을 지급한 피고에게 계약거래의 도의를 벗어난 지나친 요구인 것은 분명합니다.

3, 결어

원고는 피고에 대해 연구용역 잔대금 1천만 원을 지급하지 않고 차일피일 미루기만 한다고 주장하는데, 피고는 원고가 연구용역계약상의 연구개발의 목적을 이룰 수 있는 합당한 연구결과물을 제출한다면 언제라도 원고가 요구하는 잔대금 1,000만원을 지급할 수 있습니다.

하지만 계약의 내용과 연구개발의 목적도 제대로 파악하지 못하고 계약의 의무도 성실히 이행하지 못한 채 계약기간이 만료되었으니 잔금 1,000만원을 지급해달라는 원고의 주장은 오히려 지급된 연구비의 반환을 요청해야 마땅하나 원고가 성실한 계약이행으로 합당한 연구결과물을 제출해주기만을 기다리고 있는 피고에 대해 도리에 어긋난 주장을 하고 이 사건 청구에 이른 것이므로 기각을 면하지 못할 것입니다.

소 명 자 료 및 첨 부 서 류

1. 을 제1호증   위탁연구협약서
1. 을 제2호증   영수증
1. 을 제3호증의 1내지 5호   현황사진
1. 을 제4호증   검사보고서

○○○○ 년 ○○ 월 ○○ 일

위 피고 : 0 0 0 (인)

남원지원 민사 제1단독 귀중

▣ **대한법률콘텐츠연구회** ▣

◆ 편 저 : 법률용어사전

  건설 법전
  산재판례 100선
  판례 소법전
  손해배상과 불법 행위
  필수 산업재해 보상법
  산업재해 이렇게 해결하라

민사소송 답변서
작성방법

2024년 08월 05일 2판 인쇄
2024년 08월 10일 2판 발행

편   저   대한법률콘텐츠연구회
발행인   김현호
발행처   법문북스
공급처   법률미디어

주소 서울 구로구 경인로 54길4(구로동 636-62)
전화 02)2636-2911~2, 팩스 02)2636-3012
홈페이지 www.lawb.co.kr

등록일자 1979년 8월 27일
등록번호 제5-22호

ISBN 979-11-92369-32-7(13360).

정가 24,000원

▎역자와의 협약으로 인지는 생략합니다.
▎파본은 교환해 드립니다.
▎이 책의 내용을 무단으로 전재 또는 복제할 경우 저작권법 제136조에 의해 5년 이하의 징역 또
 는 5,000만원 이하의 벌금에 처하거나 이를 병과할 수 있습니다.

이 도서의 국립중앙도서관 출판예정도서목록(CIP)은 서지정보유통지원시스템 홈페이지(http://seoji.nl.go.kr)와 국가
자료종합목록 구축시스템(http://kolis-net.nl.go.kr)에서 이용하실 수 있습니다.

법률서적 명리학서적 외국어서적 서예·한방서적 등

최고의 인터넷 서점으로

각종 명품서적만을 제공합니다

각종 명품서적과 신간서적도 보시고

법률 · 한방 · 서예 등 정보도

얻으실 수 있는

핵심법률서적 종합 사이트

www.lawb.co.kr

(모든 신간서적 특별공급)

대표전화 (02) 2636 - 2911